개정판

S·a·u·c·e

황금알을 낳는 소스

이권복 저

기문사
www.kimoonsa.co.kr

머리말

P · r · e · f · a · c · e

사랑하는 조리사를 위하여

경제성장과 더불어 발달한 운송수단으로 인해 세계는 일일권역에 접어들면서 인간의 가장 중요한 먹을거리는 세계화되고 있습니다. 필요하다면 하루 안에 다른 나라에 가서 식사를 할 수도 있으며, 원한다면 자국에서도 타국의 음식을 쉽게 먹을 수 있게 되었습니다. 이제 음식은 단지 먹는 것뿐 아니라 문화로서, 그 자체가 다시 하나의 성장 동력으로 이어지고, 한 국가의 문화로서 가치를 부여하고 있습니다. 인류가 존재하는 한 먹을거리는 계속 이어져야 하지만, 오늘날에는 각종 환경오염 등으로 우리 몸에 들어가는 음식은 최악의 상황에 놓여있다 해도 과언이 아닐 것입니다.

요리를 시작하려는 학생이나 많은 사람들은 단순한 자격증 취득을 넘어 음식은 식이요, 약이라는 개념을 가지고 이에 맞는 사명감으로 자신의 몸 관리는 물론, 음식을 만들고 다루는데 있어 위생적이며, 안전하고 건강한 음식을 만들어야 한다는 시대적 요청에도 부응해야 합니다. 이 책에서 가장 강조하는 것은 소스의 기본을 제대로 배워 어떠한 소스라도 개발해낼 수 있는 능력을 만드는 것입니다.

날로 증가하는 호텔 및 외식사업은 앞으로 계속해서 번창해나갈 것입니다. 여러분들이 조리사를 선택했거나 이와 관련된 사업을 하고자 한다면 다양한 이점이 있습니다. 하지만 이점이 많은 만큼 경쟁도 치열하기 때문에 그만큼 노력이 필요합니다.

남들보다 많은 땀과 노동력을 필요로 하며, 남들이 쉴 때 그들을 위해 요리를 하는 봉사정신도 필요합니다. 조리인이 되고자 한다면 그에 맞는 직업정신과 체력을 길러야 합니다. 나약한 정신을 갖고 있거나 청결하지 않은 사람은 요리의 세심한 부분과 위생적인 면을 확인하지 못해 큰 실수를 하며, 자신뿐 아니라 국민의 건강을 해칠 수도 있다는 것을 명심해야 합니다.

조리 후배들에게 강조하고 싶은 것은 행복한 조리사의 길을 만드는 것도 자신이며, 국민의 건강을 지키는 것도 자신이라는 사명감을 갖고, 건강한 정신과 육체로 정성이 깃든 음식을 만들어 인류의 건강을 책임져야 한다는 것입니다. 또한 소스를 만들 때에는 지나친 음주를 삼가야 하며 특히 담배를 피우지 말아야 합니다. 늘 미각을 살리고 유지해야 합니다.

제가 한참 소스를 만들 때 특히 프랑스 요리를 할 때 매운 것을 조심해서 먹기도 하였습니다. 그만큼 세심한 맛을 위해서는 자신의 노력이 필요합니다. 그리고 늘 만들어 보려는 노력과 창의적인 발상이 필요합니다. 그리고 자신이 만든 소스를 과감히 사회에 내 놓을 수 있어야 하며, 계속 연구 · 개발하는 자세를 가져야 합니다.

본서에는 부족함이 많지만 앞으로 더욱더 연구하여 부족한 면을 채우고자 노력하겠습니다. 끝으로 책을 만드느라 고생하신 출판사의 모든 분들께도 깊은 감사를 드립니다.

저자 씀

차 례
Contents

제1장 | 소스의 개요

제2장 | 서양 소스

제5장 | 중국 소스

제6장 | 태국음식 소스

제7장 | 기타 여러 가지 소스

제8장 | 처트니(Chutney)

Memo

제1장

소스의 개요

황금알을 낳는 소스 황금알을 낳는 소스 황금알을 낳는 소스 황금알을 낳는 소스

01 제1장 소스의 개요

1. 소스의 개요

경제성장과 세계의 일일 생활권역으로 인하여 음식의 보급 속도가 급속하게 이루어져 가정요리, 중산층 요리, 예술 요리, 지방 요리, 산업 요리(인스턴트), 단체급식, 퓨전 요리 등 가격과 음식의 질적 면에서도 다양하게 계속 발전하고 있다. 이러한 음식의 다양화를 이루는 한 축이 소스이다.

소스의 어원은 "소금을 친"이라는 뜻의 라틴어인 "살수스(salsus)"에서 온 말로써, 예나 지금이나 소금은 모든 음식의 기본적인 양념이다. 소스의 기능은 어떤 요리에 어울리는 맛을 첨가하는 것이다. 소스의 용어는 프랑스, 영국, 일본에서는 "Sauce", 이탈리아, 스페인에서는 "Salsa", 독일의 경우 "Sosse", 중국에서는 "Zhi", 인도에서는 "Chatni"로 불리고 있고, 우리나라는 양념이라고 한다. 식품공전상에는 "소스류라 함은 동 · 식물성 원료에 향신료, 장류, 당류, 식염 및 식초 등을 가하여 풍미증진을 목적으로 사용되는 것을 말한다"라고 정의되어 있다.

소스는 동서양의 차이가 있는데 서양요리에서는 맛이나 색을 내기 위해 고기, 생선, 계란, 각종 채소 등의 음식에 액상 또는 반유동 상태의 배합형 액상으로 많은 소스를 사용하고 있다.

우리나라와 중국, 일본은 간장과 된장, 고추장 등 콩을 발효한 소스가 많다. 특히 발효 식품을 이용한 장류는 위대한 인류의 발명품으로 중요한 소스의 원천이자 건강식이다. 중국의 소스는 기름을 많이 사용하여 맛을 낸다. 일본의 경우는 담백함을 위주로 하고, 우리나라는 맛과 향을 중시하는 발효 양념으로 고추, 후추, 마늘, 식초 등을 많이 사용한 소스가 있다. 오랫동안 조리를 연구하면서 나름대로 내린 나의 생각은 "소스란 즙의 엑기스"라고 말하고 싶다.

2. 소스의 역할

소스의 가장 중요한 역할은 조화(harmony)이다. 동 · 서양을 비롯한 모든 음식에 영양, 맛, 색상에 기여하여 식욕을 증진시키고, 소화를 돕는 역할도 하며 음식과의 다양한 조화를 이루어낼 수가 있다.

맛이 좋은 소스를 만들려면 기본이 되는 stock을 잘 만들고 첨가되는 재료에 따라 맛을 다르게 할 수가 있다. 우리나라도 사골과 고기를 고아낸 국물을 육수로 다양한 용도로 사용하고 있다.

stock은 크게 재료에 따라 고기류, 생선류, 채소류로 분류하고, 재료를 볶거나 구워

서 색을 내는 갈색 스톡과, 자연으로 색을 내는 흰색 스톡으로 분류한다. 이러한 스톡을 기본으로 주요리가 스테이크이면 그에 어울리는 갈색 소스와 가니쉬는 밝은 브로콜리, 당근 등으로 화려하게 하여 맛과 색을 맞추어 낸다. 음식의 본 재료가 밋밋하면 강한 소스로 보충해주고, 수분이 적으면 수분이 많은 소스를 사용하여 보충해 준다.

참조 : 2008년 "돼지요리대회"에서 영예의 대상을 받은 함초족발. 함초소스를 개발하여 맛을 낸 족발이다.

소스는 사용용도에 따라 농도와 맛이 다를 수 있으며, 특히 덩어리지는 것은 안 된다. 오랜 세월 동안 연구하고 만들다 보면 음식에 어울리는 소스와 농도를 조절할 수 있어야 하고, 일상에서 늘 계량화하면서 일을 하다 보면 남보다 더 훌륭한 소스를 만들어낼 수가 있다.

소스는 크게 stock과 농후제로 구성되어 있으며, 다른 부재료의 첨가에 따라 변형된 소스가 만들어진다.

3. 농후제의 역할

농후제는 소스의 맛과 향, 농도를 조절(control)해주는 역할을 한다. 소스를 만들다 보면 농도에 따라서 맛의 차이가 크며 향과 색이 다르게 나타나는 것을 볼 수 있다. 스톡을 어느 정도 졸이며, 무엇을 첨가하여 맛과 농도를 조절할 것인가 늘 재미있는 연구 과제이다.

농후제는 주로 밀가루(roux)와 전분, 버터 리에종, 경우에 따라서는 계란 노른자 등을 사용하기도 하는데 근래에는 거의 사용하지 않는다.

밀가루 루(roux)에는 흰색 루(white roux), 황금색 루(blound roux), 갈색 루(brown roux)가 있으며, 이처럼 각기 다른 루(roux)는 음식의 용도에 따라 소스의 맛, 모양, 색깔 등을 변화시켜 다양한 음식을 만들어낼 수가 있다.

다음은 서양 소스의 대표적인 세 가지 루(roux)의 사진이다.

서양 소스

제2장

서양 소스

황금알을 낳는 소스 황금알을 낳는 소스 황금알을 낳는 소스 황금알을 낳는 소스

02 제2장 서양 소스

제1절 | 서양 기본 소스와 응용

서양의 소스는 5가지 기본 소스를 바탕으로 많은 소스가 만들어진다. 다음은 5가지 소스이다.

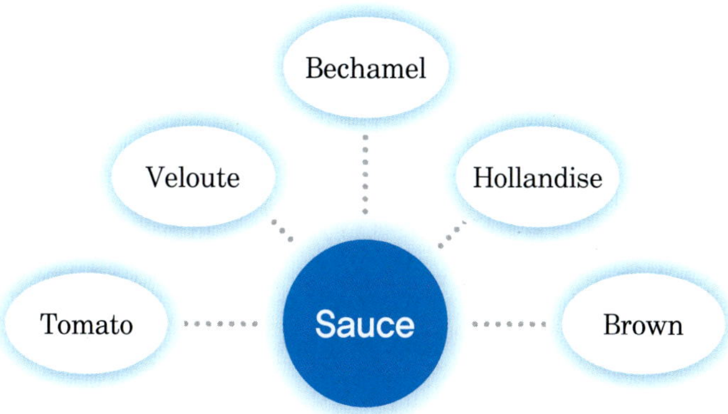

기본이 되는 것은 5미(五未), 오색(五色)을 기초로 하여 만들어진다. 육류, 생선, 채소 등 수백 종의 소스를 다 기억하기란 어렵지만 기본이 되는 소스를 익히면 이를 토대로 많은 소스를 만들어낼 수가 있는 것이다. 소스를 만들다 보면 산야에 나는 모든 재료를 이용하여 맛과 건강을 위해 만들어낼 수 있다.

2008년도 돼지요리대회에서 영예의 대상을 수상하기 몇 개월 전에 함초를 이용하여 소스를 개발해 놓았던 상태였다. 함초를 알고 나서 소스를 만들어 봐야겠다고 생각하는 그 순간이 내게 이미 커다란 영광을 가져오고 있는 것이었다. 바로 조리를 연구하는 사람은 식재를 보면 어디에 어떻게 사용할까를 생각하면 좋은 식재료가 되는 것이고 그냥 스쳐 가면 그냥 들풀이 되는 것이다. 묻혀 있는 식재를 발굴하고, 개발해 내는 것이 소스를 연구하는 기본자세이다. 이처럼 소스란 기본을 토대로 하여 식용 가능한 어떠한 식재료로도 가능하다는 것이다.

1. 베샤멜 소스(Bechamel Sauce)

우유와 루에 향신료를 가미한 소스로 프랑스 소스 중 가장 먼저 모체 소스로 사용되었으며, 프랑스의 황제 루이 14세 시절 그의 집사였던 루이스 베샤 멜(Louis de Bechamel)의 이름에서 유래되었다. 초기의 베샤멜 소스는 농도가 짙은 송아지 벨루떼(Thick veal veloute)의 진한 크림(Heavy Cream)을 첨가하여 만들었다. 하지만 오늘날의 베샤멜 소스는 화이트 루(White Roux)에 우유를 넣어 농도를 내고 약간의 양념을 첨가하여 달걀, 그라탕과 같은 요리에 사용하고 있다. 베샤멜 소스를 보다 부드럽게 만들기 위해서는 우유를 루(Roux)에 넣었을 때

덩어리가 없이 완전히 풀어진 상태에서 채소와 향신료를 함께 넣고 양념을 해야 한다. 색은 짙은 크림색에 윤택이 있어야 하며, 재료들을 감쌀 수 있을 정도의 농도가 되어야 한다. 우유와 루의 맛이나 향이 지나치게 소스에 남아 있어서는 안 된다.

1) 베샤멜 파생 소스

① 크림 소스(Cream Sauce)=베샤멜 소스+끓여서 식힌 크림+레몬 주스

② 모네이 소스(Mornay Sauce)=베샤멜 소스+그레이어 치즈+파마산 치즈+크림+버터

③ 낭투아 소스(Nantua Sauce)=베샤멜 소스+생크림+갑각류 버터+파프리카

④ 모던 소스(Modern Sauce)=베샤멜 소스+버터에 볶은 양파

2. 벨루테 소스(Veloute Sauce)

화이트 스톡이나 생선 스톡에 루(Roux)를 사용하여 농도를 내며 재료에 따라 많은 파생 소스를 만들어낼 수 있는데, 그 이유는 화이트 스톡이냐 생선 스톡이냐에 따라 생산되는 벨루테가 다르고 생산된 각각의 벨루테에서 파생되는 소스가 또 나누어지기 때문이다.

벨루테 소스를 좀 더 풍미 있고 부드럽게 생산하기 위해서는 본래의 맛을 좌우하는 스톡의 품질이 제일 중요한데, 스톡은 그 재료의 본래 맛이 부드러우면서도 깊게 배어 있어야 한다. 또 벨루테 소스를 생산할 때는 자연스러운 육수향이 깃들게 해야 하고 색은 밝은 색상을 유지하

며, 맛이 깊어야 한다. 농도는 요리에 사용된 재료를 덮을 수 있고 소스가 음식에 충분히 묻어나 요리와 같이 맛을 느낄 수 있어야 한다.

1) 생선 벨루테 파생 소스

① 베르시 소스(Bercy Sauce)=생선 스톡+생선 벨루테+다진 샬롯+버터+화이트와인

② 카디날 소스(Cardinal Sauce)=생선 스톡+생선 벨루테+생크림+(파프리카/캐년고춧가루)+바닷가재 살+버터

③ 노르망디 소스(Normandy Sauce)=생선 스톡+생선 벨루테+생크림+양송이+달걀 노른자

2) 화이트 벨루테 파생 소스

(1) 알망데(리에종 사용) 파생

① 오로라 소스(Aurora Sauce)=알망데 소스+토마토 페이스트+버터

② 홀스래디시 소스(Horseradish Sauce)=알망데 소스+생크림+머스타드 가루+갈은 홀스래디시

③ 버섯 소스(Mushroom Sauce)=알망데 소스+양송이+버터+레몬 주스

④ 폴레테 소스(Poulette Sauce)=알망데 소스+다진 샤롯+양송이+크림+레몬 주스

(2) 수프림(크림 사용 소스)

참조 : 소스를 만드는 것도 중요하고 뿌리는 것도 예술 중의 예술이다.

① 헝가리안 소스(Hungarian Sauce)=슈프림 소스+다진 양파+파프리카+버터

② 아이보리 소스(Ivory Sauce)=슈프림 소스+그라스비안

③ 알부페라 소스(Albufera Sauce)=슈프림 소스+그라스비안+고추 맛을 낸 버터

3. 브라운 소스(Brown Sauce)

에스파뇰 소스(Espagnole Sauce)라고도 불리는 브라운 소스는 오랜 시간 동안 끓이기 때문에 매우 깊은 맛이 나며 향도 풍부하다. 일반적으로 브라운 스톡, 브라운 루, 미르포아와 토마토를 주재료로 하며, 주로 데미글라스로 육류에 사용한다. 파생 소스는 육류 요리에 전반적으로 사용되는 광범위한 소스를 형성한다.

1) 데미글라스(Demi-Glace)

브라운 스톡에서 생산되는 브라운 소스는 브라운 계통 소스를 대부분 포함하고 있다. 데미글라스는 브라운 소스와 브라운 스톡을 같은 비율로 하여 다시 절반 정도 졸이면 된다. 일반적으로 마무리 단계에서 적당량의 마데이라(Madeira) 또는 쉐리(Sherry), 와인(Wine)을 첨가하여 향과 맛을 보충한다. 물론, 브라운소스에 다양한 부재료를 직접 첨가하여 몇 가지 파생 소스를 생산하기도 한다.

데미글라스는 풍미나 향, 맛에 있어서 부드러워야 하고 덩어리가 생

기지 말아야 한다. 기초재료인 브라운 스톡에서 뼈를 구울 때 생성된 짙은 향이 깊이 스며 있어야 하고 루는 구수한 맛과 향을 충분히 지니고 있어야 한다. 물론, 미르포아 역시 갈색으로 구워 토마토와 함께 소스 생산 시에 짙은 초콜릿색처럼 윤기가 나야 한다. 마지막 단계에서는 너무 농도가 짙거나 덩어리가 있어서는 안 된다.

2) 브라운 파생 소스

① 샤토브리앙 소스(Chateaubriand Sauce)=데미글라스+다진 샬롯+레몬 주스+후추+버터+다진 타라곤

② 마데라, 포트 소스(Madeira, Port Sauce)=데미글라스+(마데라/포트와인)

③ 레드와인 소스(Red Wine Sauce)=데미글라스+다진 샬롯+레드와인+버터

④ 버섯 소스(Mushroom Sauce)=데미글라스+나팔버섯+버섯 삶은 물+버터+레몬 주스

⑤ 트뤼플 소스(Truffle Sauce)=데미글라스+마데라와인+트뤼플(송로버섯)

⑥ 신화 소스(Sour and Hot sauce)=데미글라스+다진 샬롯+화이트와인+버터+식초+피클+다진 타라곤+다진 파슬리+다진 처빌

⑦ 씨어로 소스=데미글라스+식초+화이트와인+각종 향신료+버터

⑧ 로버트 소스(Robert Sauce)=데미글라스+다진 양파+디죤 머스타드+설탕+피클

4. 토마토 소스(Tomato Sauce)

토마토 소스를 생산하기 위해서는 좋은 토마토 및 채소와 화이트 스톡, 농후제가 필요하다. 하지만 요즘은 농후제로 농도를 맞추지 않고 토마토와 채소, 허브, 스파이스 등 여러 가지 재료들을 혼합하여 퓨레 형식으로 농도를 조절하고 있다.

토마토 소스는 다른 일반 소스들과 비교했을 때 그 입자가 매우 크고 거친데, 어떤 면에서 이러한 특징이 장점으로 작용한다. 토마토를 보다 맛있고, 향과 풍미 및 느낌이 좋도록 생산하려면 사용되는 채소와 향신료도 중요하지만, 시거나 떫지도 않고 너무 달지도 않은 토마토 자체의 맛이 가장 중요하다. 또한 토마토 소스는 생산되었을 때 색이나 농도가 요리의 재료와 어울려 조화를 이룰 수 있어야 한다.

5. 홀랜다이즈 소스(Hollandaise Sauce)

기름의 유화작용을 이용해 만든 소스이다. 달걀 노른자가 다량 함유하고 있는 자연유화 성분 '레시틴(Lecithin)'의 영향과 따뜻한 버터, 소량의 물, 레몬 주스, 식초 등이 서로 작용하여 생성된다. 소량의 액체와 달걀 노른자를 섞으며 따뜻한 버터를 첨가하게 되면 난황 속의 유화제가 기름의 입자 하나하나를 감싸서 수분과 함께 고정시키는 역할을 한다.

완성된 홀랜다이즈 소스는 매우 부드럽고 표면이 반짝거리며, 잘 익은 레몬과 같이 밝은 노란색을 띠게 된다. 물론, 풍미도 매우 깊다. 완성된 소스는 어떠한 덩어리나 분리현상을 보여서는 안 된다. 버터가 많이 들어가므로 버터향이 나는 것이 당연하지만, 이 버터향에 달걀, 식초, 레몬향이 어울려 전혀 새로운 향을 내는 것이 특징이다. 농도는 너무 되지 않고, 마요네즈보다 조금 더 묽고 연하도록 해야 한다.

1) 유화 작용

기름과 물처럼 서로 섞이지 않는 재료들에 일정한 물리적인 힘을 가해 줌으로써 서로 고르게 퍼져서 섞이는 현상이다.

2) 홀랜다이즈 파생 소스

① 베어네이즈 소스(Bearnaise Sauce)=홀랜다이즈 소스+다진 샬롯+식초+각종 향신료(타라곤)

② 초롱 소스(Choron Sauce)=베어네이즈 소스+토마토 페이스트+생크림

③ 샹띠이 소스(Chantilly Sauce)=홀랜다이즈 소스+생크림 휘핑한 것

④ 포요트 소스(Foyot Sauce)=베어네이즈 소스+그라스비안

⑤ 말타이즈 소스(Maltaise Sauce)=홀랜다이즈 소스+오렌지 주스+오렌지 제스트

6. 기타 모체 소스

1) 뵈흐 블랑 소스(Beurre Blanc Sauce) / 화이트 버터 소스 (White Butter Sauce)

버터의 유화 작용을 이용하지만 달걀을 사용하지 않는다는 점에서 홀랜다이즈 소스와 다르다. 수분 속에 포함되어 있는 소량의 유화제와 자연결합 작용에 의해 소스가 생산된다. 주재료는 샬롯, 생크림, 화이

트와인 또는 로즈와인, 버터로 이 중 샬롯과 와인은 향을 제공하는 역할을 하며, 버터는 소스를 형성하는 역할을 한다. 파생 소스는 주로 허브나 채소 퓨레 등을 섞어 풍미를 더하는 방식으로 만들어진다.

Sauce의 파생

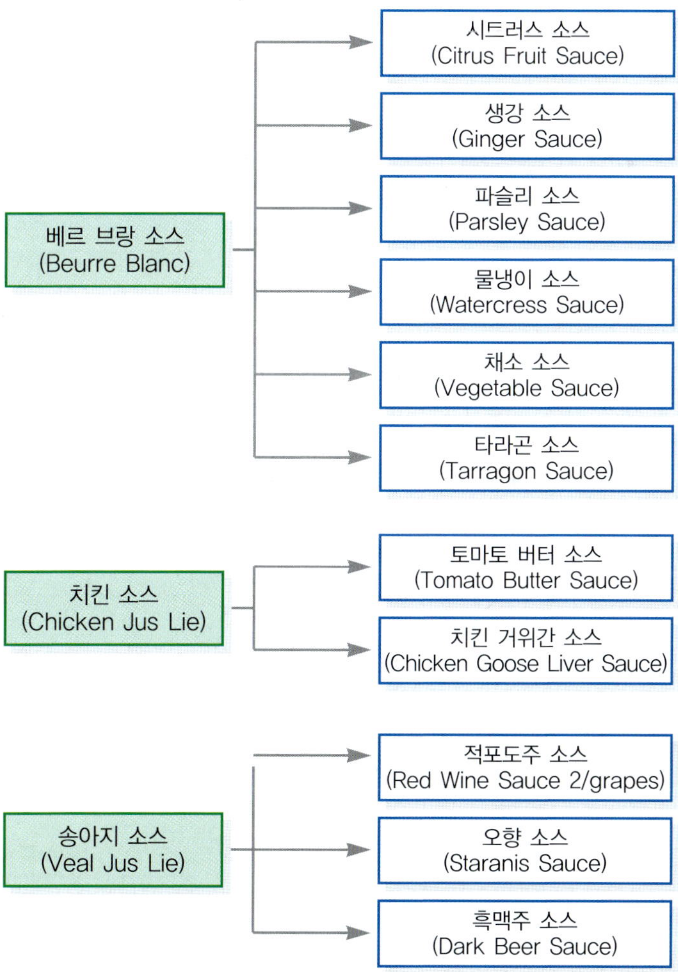

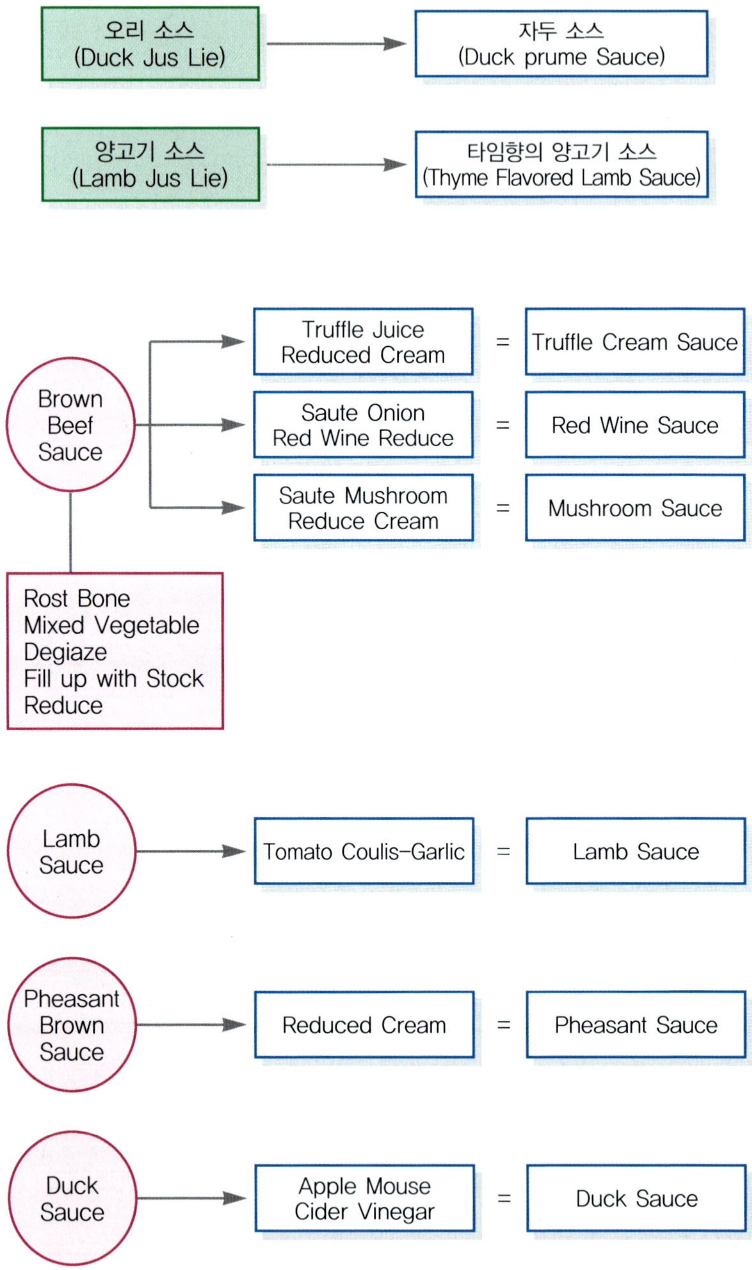
오리 소스
(Duck Jus Lie)
자두 소스
(Duck prume Sauce)
양고기 소스
(Lamb Jus Lie)
타임향의 양고기 소스
(Thyme Flavored Lamb Sauce)
Brown Beef Sauce
Truffle Juice
Reduced Cream
=
Truffle Cream Sauce
Saute Onion
Red Wine Reduce
=
Red Wine Sauce
Saute Mushroom
Reduce Cream
=
Mushroom Sauce
Rost Bone
Mixed Vegetable
Degiaze
Fill up with Stock
Reduce
Lamb Sauce
Tomato Coulis-Garlic
=
Lamb Sauce
Pheasant Brown Sauce
Reduced Cream
=
Pheasant Sauce
Duck Sauce
Apple Mouse
Cider Vinegar
=
Duck Sauce

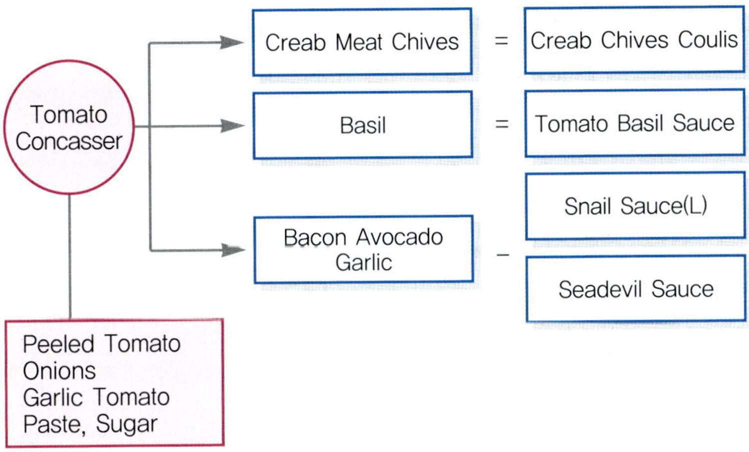

2) 팬 그레비 소스(Pan Gravy Sauce)

팬을 이용해 즉석에서 생산하는 소스를 직설적으로 표현한 것이다. 소고기, 돼지고기, 양고기, 가금류 등의 육류를 팬에 구울 때 팬 그레비 소스도 동시에 생산되는데, 이 육류들을 구워낼 때 발생하는 육즙에 와인을 넣고 디글레이징(Deglazing)한 후 루(Roux)나 크림을 넣어 맛을 내는 것이 일반적이다. 소스를 만들 때 가장 중요한 것은 육류의 향이 소스에 배어들도록 하는 것이다.

3) 꿀리 소스(Coulis Sauce)

채소나 과일을 퓨레 형식으로 만들어 소스로 사용하는 것을 말한다(디저트 소스). 찬 요리, 더운 요리, 갑각류, 육류, 가금류, 채소 등 어떠한 요리와도 잘 어울린다. 꿀리 소스를 만들 때에는 일반적으로 한 가지 채소만을 선택하여 그 향을 사용하는 것이 좋다. 꿀리 소스는 허브만의 맛과 색상을 유지하는 것이 매우 중요하기 때문에 다른 허브나 향을 첨가하는 경우라도 본래의 맛이 상실되지 않고 서로 조화를 이루도록 해야 한다.

7. 샐러드 소스(Salad Sauce)

1) 비네그레트 소스(Vinaigrette Sauce)

불에 화이트와인 비네거와 향신료, 흰 후추, 소금을 넣고 섞은 뒤 올리브 오일을 조금씩 넣어주면서 거품기로 살살 저어 주면 점점 되직한 농도로 변한다. 그린 샐러드(Green salad)에 어울리는 소스이다.

(1) 비네그레트(Vinaigrette) 파생 소스(드레싱)

간장 드레싱(Soy Sauce Dressing) : 볼에 간장, 레몬 주스, 다진 마늘, 고춧가루, 올리브 오일, 설탕을 넣고 섞다가 설탕이 녹으면 마지막에 식초를 넣고 잘 섞어준다.

2) 마요네즈 소스(Mayonnaise Sauce) 파생 소스(드레싱)

커리 드레싱(Curry Dressing) : 플레인 요거트와 마요네즈를 섞고 카레가루를 잘 푼 다음 레몬즙, 다진 파슬리를 넣고 소금과 후추로 양념하여 마무리한다.

제2절 | 오일과 드레싱(Oil & Dressing)

드레싱이란 "식품에 치는 양념"이라고 한다. Dress라는 말은 '입히다' 또는 '끝손질하다' 라는 뜻을 가지고 있다. 샐러드나 기타 음식에 곁들이는 것으로 드레싱이란 표현이 살 어울린다. 주요 재료는 기름과 식초를 기본으로 이에 여러 재료를 추가하여 맛이 다르게 나타나고 명칭 또한 달리 부르게 되므로 그만큼 다양한 드레싱이 만들어질 수 있다. 기본이 되는 오일 종류는 매우 다양하고 각기 다른 맛과 향이 있다.

1. 기본 오일 만들기(Basic Oil)

타임 오일 *Thyme Oil*

재료

올리브 오일(olive oil) 1.5lt
타임(thyme) 30g
통마늘(garlic clove) 10ea

만드는 법

01 | 껍질 벗긴 마늘을 살짝 볶아 놓는다.

02 | 타임 3팩과 올리브 오일을 넣어 섞어 놓는다.

로즈마리 오일 *Rosemary Oil*

재료

올리브 오일(olive oil) 1.5lt
로즈마리(rosemary) 30g
통마늘(garlic clove) 10ea

만드는 법

01 | 껍질 벗긴 마늘을 살짝 볶아 놓는다.

02 | 로즈마리와 올리브 오일을 넣어 섞어 놓는다.

마늘 오일 *Garlic Oil*

재료

올리브 오일(olive oil) 360ml
통마늘(garlic clove) 100g

만드는 법

01 | 껍질 벗긴 마늘을 3~4조각으로 썰어 놓는다.

02 | 올리브 오일을 넣어 섞어 놓는다. 다양한 용도로 사용할 수 있다.

마늘 식초 Garlic Vinegar

재료

식초(vinegar) 360ml
통마늘(garlic clove) 100g

만드는 법

01 | 껍질 벗긴 마늘을 3~4조각으로 썰어 놓는다.

02 | 식초에 넣어 섞어 놓는다. 다양한 용도로 사용할 수 있다.

2. 드레싱(Dressing)

사과 비네그레트 Apple Vinaigrette

재료

농축한 사과 주스(concentrated apple juice) 40ml
올리브 오일(olive oil) 60ml, 사과 식초(apple vinegar) 20ml
디종 머스타드(dijon mustard) 1ts, 소금, 후추(salt, pepper) to taste

만드는 법

01 | 껍질 벗긴 사과를 알맞게 썰어 믹서기에 곱게 갈아준 다음 고운 체에 걸러준다.

02 | 팬에 ①의 사과 주스를 넣고 농축(Concentrate)하여 준다.

03 | 볼에 ②의 졸인 사과 주스, 디종 머스타드, 소금, 후추, 올리브 오일, 사과 식초를 넣고 거품기(Whisk)로 충분히 저어 완성한다.

참기름 마요네즈 Sesame Mayonnaise

재료

마요네즈(mayonnaise) 3/4컵
참기름(sesame oil) 2작은술
깨소금(sesame) 1/4컵
간장(soy sauce) 1/2작은술

만드는 법

01 | 위의 재료들을 함께 섞으면 된다.

02 | 기호에 달라 참기름이나 간장의 양을 달리할 수 있다.

발사믹 드레싱 Balsamic Dressing

재료

발사믹 식초(balsamic vinegar) 5g
양겨자(mustard) 10g
올리브 오일(olive oil) 100ml
꿀 또는 설탕(Honey or sugar) 5ml
소금, 후추(salt, pepper) little

만드는 법

01 | 볼(Bowl)에 알맞은 양의 양겨자, 발사믹 식초, 올리브 오일, 꿀 또는 설탕, 소금, 으깬 후추를 넣고 거품기(Whisk)를 이용하여 내용물이 잘 섞이도록 저어 드레싱을 완성한다.

과일 드레싱 *Fruit Dressing*

재료

사과(apple) 1ea, 배(pear) 1ea, 오렌지(orange) 1ea, 양파(onion) 1ea
당근(carrot) 1ea, 올리브 오일(olive oil) 450ml, 식초(vinegar) 600g
설탕(sugar) 600g, 양조간장(501soy sauce) 300g

만드는 법

01 | 사과와 배는 돌려 깎기를 하여 잘게 잘라 놓는다.

02 | 오렌지와 당근, 양파도 껍질을 제거하고 잘라 놓는다.

03 | 대형 믹서기에 사과, 배, 오렌지, 양파, 간장, 설탕, 식초, 올리브 오일을 넣고 잘 갈아준다. 맛을 보고 양념을 조절한다.

머스타드 드레싱 *Mustard dressing*

재료

머스타드(mustard) 30ml
백식초(white vinegar) 5g
올리브 오일(olive oil) 30ml
설탕(sugar) 5g
소금, 후추(salt, pepper) 2g

만드는 법

01 | 볼(Bowl)에 알맞은 양의 양겨자, 식초, 설탕, 후추를 넣고 거품기(Whisk)를 이용하여 내용물이 잘 섞이도록 저어준다.

02 | ①에 올리브 오일을 천천히 부어주면서 거품기(Whisk)를 이용하여 내용물이 잘 섞이도록 저어 드레싱을 완성한다.

사워 크림 드레싱 Sour Cream Dressing

재료

사워 크림(sour cream) 10g
포메리 머스타드(pommery mustard) 5g
레몬 주스(lemon juice) 10g
생크림(fresh cream) 10g
소금, 후추(salt, pepper) 2g

만드는 법

01 | 볼(Bowl)에 알맞은 양의 양겨자, 발사믹 식초, 올리브 오일, 꿀 또는 설탕, 소금, 으깬 후추를 넣고 거품기(Whisk)를 이용하여 내용물이 잘 섞이도록 저어 드레싱을 완성한다.

감 드레싱 Persimmon Dressing

재료

감(persimmons) 1.5pc
마요네즈(mayonnaise) 200ml
서양 겨자무(horseradishes) 30gr
토마토 케첩(tomato ketchup) 50cc
진(gin) 5ml

만드는 법

01 | 감씨와 껍질을 빼고 1/2로 자른다.

02 | 감, 서양 겨자무, 진, 토마토 케첩을 넣고 갈아 놓는다.

03 | 마요네즈에 섞고 소금, 후추로 양념을 한다.

생강 드레싱 *Ginger Dressing*

재료

생강(ginger) 25g
사과식초(cider vineger) 20cc
계란(egg) 1pc, 겨자(mustard) 3g
옥수수기름(corn oil) 200cc
오렌지 주스(orange juice) 20cc
중국산 파슬리(chinese parsely) 50g
카이엔 페퍼(cayenne pepper) 조금
소금, 후추가루(salt, pepper) 조금

만드는 법

01 | 생강을 다져 놓는다. 계란은 삶아 다져 놓는다.

02 | 중국산 파슬리도 다져 놓는다.

03 | 깊은 볼에 재료를 넣고 콘 오일을 넣으면서 저어주어 걸쭉한 상태로 만든다. 소금, 후추로 양념한다.

토마토 올리브 오일 드레싱 *Tomato Olive Oil Dressing*

재료

토마토(tomato) 750g
프레쉬 바질(fresh basil) 12gr
올리브 오일(olive oil) 120ml
레몬(lemon) 6pc
소금, 후추가루(salt, pepper) 조금

만드는 법

01 | 토마토를 포칭하여 껍질을 벗겨 놓는다.

02 | 토마토를 잘게 다이스하여 놓고 바질은 다져 놓는다.

03 | 레몬 주스는 짜서 놓는다. 큰 볼에 비네그레트를 만들고 여기에 다진 바질과 토마토 썬 것을 넣고 양념하여 사용한다.

사우전드 아일랜드 드레싱 *Thousand Island Dressing*

재료

마요네즈(mayonnaise) 4btl
토마토 케첩(tomato ketchup) 1.5lt
양파(onion) 300g
그린 피망(green pimento) 300g
레드 피망(red pimento) 300g
블랙 올리브(black olive) 1btl
그린 올리브(green olive) 1btl
백포도주(white wine) 1btl
피클(pickle) 1can
타바스코(tabasco) 1btl
레몬 주스(lemon juice) 100ml
소금(salt) 20g
후추(pepper) 10g

만드는 법

01 | 청피망, 홍피망, 양파를 큼직하게 썰어 놓는다.

02 | 양파, 케이퍼, 피클, 피망, 올리브는 분쇄기에 넣고 갈아 소창에 짜준다.

03 | 믹싱 볼에 다져 놓은 재료를 모두 담고 마요네즈, 화이트와인, 토마토 케첩, 피클 주스를 넣어 저어준다.

04 | 맛을 보고 레몬 주스, 타바스코, 소금을 넣어 마무리한다.

겨자향의 드레싱 *Spicy Mustard Dressing*

재 료

서양 겨자무 갈은 것(grated horseradish) 60g, 칠리소스(chilli sauce) 60g
일본겨자(wasabi) 15g
그린 페퍼 콘(green pepper corn) 30g
마늘(garlic) 15g, 크림(cream) 100ml
파프리카 가루(red paprika powder) 10g
소금(salt) 조금

만 드 는 법

01 | 생크림을 쳐서 약간 뻣뻣해지면 통후추, 와사비, 서양무 갈은 것 그리고 나머지를 모두 넣어 친 크림 같은 드레싱이다.

레몬겨자향의 드레싱 *Spicy Mustard Dressing*

재 료

레몬즙(fresh lemon juice) 40cc
디종 머스타드(dijon mustard) 45g
계란 노른자(egg yolk) 1pc
간장(soy sauce) 10cc
올리브 오일(olive oil) 150cc
소금(salt)

만 드 는 법

01 | 레몬 주스를 만들어 놓는다.

02 | 볼에 계란 노른자와 머스타드, 소금을 넣고 여기에 올리브 오일을 천천히 넣으면서 거품기로 저어준다.

03 | 계속 저어주면서 소금, 후추로 양념하여 마무리한다.

꿀 딜 머스타드 드레싱 *Honey Dill Mustard Dressing*

재료

올리브 오일(olive oil) 40ml
식초(vinegar) 20ml
디종 머스타드(dijon mustard) 5g
샬롯 다진 것(chopped shallot) 10g
딜 다진 것(chopped dill) 3g
꿀(honey) 5ml
소금, 후추(salt, pepper) 2g

만드는 법

01 | 신선한 딜을 다져 놓는다.

02 | 믹싱 볼에 알맞은 양의 양겨자와 다진 딜, 올리브 오일, 식초, 소금, 후추를 넣고 거품기로 내용물이 잘 혼합되도록 저어 드레싱을 완성한다.

배 드레싱 *Pear Dressing*

재료

올리브 오일(olive oil) 60ml
백포도주 식초(white wine vinegar) 20ml
디종 머스타드(dijon mustard) 5g
레몬 주스(lemon juice) 10g
농축한 배 주스(concentrated pear juice) 2g
소금, 후추(salt, pepper) 2g

만드는 법

01 | 껍질을 벗긴 배를 알맞게 썰어 믹서기에 곱게 갈아준 다음 고운 체에 걸러준다.

02 | 팬에 갈아 놓은 주스를 넣어 농축하여 준다.

03 | 볼에 알맞은 양을 졸여 놓은 배 디종 머스타드, 소금, 후추, 올리브 오일, 백포도주, 식초를 넣고 거품기로 충분히 저어 완성한다.

딜 겨자 소스 *Dill Mustard Sauce*

재료

올리브 오일(olive oil) 50ml
식초(vinegar) 10ml
양겨자(american mustard) 20ml
계란(egg) 10g
딜 다진 것(chopped dill) 3g
소금, 후추(salt, pepper) 2g

만드는 법

01 | 신선한 딜을 다져 놓는다.

02 | 믹싱 볼에 계란 노른자와 알맞은 양의 양겨자, 설탕, 소금, 후추를 넣고 섞어준 후 올리브 오일을 조금씩 넣으며 저어 준다. 여기에 다진 딜을 넣어 마무리한다.

토마토 비네그레트 *Tomato Vinaigrette*

재료

올리브 오일(olive oil) 20ml
토마토 꽁카세(tomato concasse) 30g
양파 다진 것(onion chop) 5g
설탕(sugar) 3g
식초(vinegar) 5ml
소금(salt) to taste
후추(pepper) to taste

만드는 법

01 | 토마토는 껍질을 벗기고 concasse로 썰어 놓는다.

02 | 믹싱 볼에 식초, 양파, 후추를 넣고 잘 풀어준 다음 올리브 오일을 조금씩 부어주면서 거품기(whisk)로 저으며 섞다가 소금으로 간한 후 tomato concasse를 넣어 완성한다.

헤이즐넛 비네그레트 *Hazelnut Vinaigrette*

재료

헤이즐넛 오일(hazelnut oil) 60g
백포도주 식초(white wine vinegar) 30g
곱게 다진 헤이즐넛(minced hazelnut) 5g
곱게 다진 샬롯(minced shallot) 1g
다진 딜(chopped dill) 1g
다진 처빌(chopped chervil) 1g
소금(Salt) to taste

만드는 법

01 | 샬롯(Shallot)을 곱게 다져(Minced) 놓는다.

02 | 헤이즐넛(Hazelnut)을 곱게 다져(Minced) 놓는다.

03 | 신선한 딜(Fresh Dill)과 처빌(Chervil)을 다져 놓는다.

04 | 볼에 다져 놓은 ①의 샬롯, ②의 헤이즐넛, ③의 다진 딜과 처빌, 알맞은 양의 헤이즐넛 오일(Hazelnut Oil), 백포도주 식초(White Wine Vinegar), 소금, 후추, 설탕을 넣고 고르게 혼합하여 완성시킨다.

토마토 쿠울리 *Tomato Couille*

재료

마늘(garlic) 2g, 토마토(tomato concasse) 480g
페퍼로씨노(pepperrocino) 0.5g, 프레쉬 바질(fresh basil) 1g
소금(Salt) to taste, 후추(Pepper) to taste

만드는 법

01 | 토마토는 껍질을 벗기고 나머지 재료와 같이 갈아준다.

02 | 맛을 보면서 마무리한다. 너무 오래 갈면 쓴맛이 난다.

타르타르 소스 *Tartar Sauce*

재료

마요네즈(mayonnaise) 300ml
케이퍼(caper) 100g, 양파(onion) 30g
백포도주(white wine) 50cc
레몬 주스(lemon juice) 30ml
피클(pickle) 30g, 소금(salt) 조금

만드는 법

01 | 양파는 큼직하게 썰어 놓는다. 양파, 케이퍼, 피클을 분쇄기에 넣어 거칠게 갈아 놓는다.

02 | 믹싱 볼에 다져 놓은 재료를 모두 담고 마요네즈, 화이트와인, 피클 주스를 넣고 저어준다.

03 | 맛을 보고 레몬 주스, 소금을 넣어 마무리한다.

아보카도 망고 살사 *Avocado, Mango Salsa*

재료

아보카도(avocado) 30g, 망고(mango) 30g, 고수(coriander) 10g
양파(onion) 10g, 올리브 오일(olive oil) 80ml, 식초(vinegar) 20ml
통후추 으깬 것(crushed peppercon) to taste, 소금(Salt) to taste

만드는 법

01 | 아보카도와 망고를 잘게 썰어 놓는다.

02 | 양파와 고수(Coriander)를 다져 놓는다.

03 | 볼에 알맞은 양의 올리브 오일, 식초, 소금, 후추를 넣고 거품기(Whisk)를 이용하여 잘 섞어준다.

04 | ③의 내용물에 ①의 아보카도, 망고, ②의 다진 양파, 고수(Coriander)를 넣고 고루 혼합하여 완성한다.

사과 비네그레트 *Apple Vinaigrette*

재료

농축한 사과 주스(concentrated apple juice) 40ml
올리브 오일(olive oil) 60ml, 사과 식초(apple vinegar) 20ml
디종 머스타드(dijon mustard) 1ts, 소금, 후추(salt, pepper) to taste

만드는 법

01 | 껍질 벗긴 사과를 알맞게 썰어 믹서기에 곱게 갈아준 다음 고운 체에 걸러준다.

02 | 팬에 ①의 사과 주스를 넣고 농축(Concentrate)하여 준다.

03 | 볼에 알맞은 양의 ②의 졸인 사과 주스, 디종 머스타드, 소금, 후추, 올리브 오일, 사과 식초를 넣고 거품기(Whisk)로 충분히 저어 완성한다.

레몬 비네그레트 *Lemon Vinaigrette*

재료

신선한 레몬 주스(fresh lemon juice) 20ml, 올리브 오일(olive oil) 45ml
디종 머스타드(dijon mustard) 1/2ts, 꿀(honey) 1ts
소금, 후추(salt, pepper) to taste, 다진 샬롯(chopped shallot) 2g
곱게 다진 레몬 제스트(minced lemon zest) 2g

만드는 법

01 | 레몬의 껍질은 흰 부분을 제거하고 잘게 다져 놓는다.

02 | 믹싱 볼에 레몬 주스와 디종 머스타드, 소금, 후추를 넣어 잘 풀어 둔다.

03 | ②에 ①의 재료를 넣고 올리브 오일을 서서히 부어주면서 whisk로 잘 저어준다.

라임, 호두 드레싱 *Lime and Walnut Dressing*

재료

다진 호두(chopped walnut) 10g, 신선한 라임 주스(fresh lime juice) 30ml
디종 머스타드(dijon mustard) 1ts, 꿀(honey) 10g
소금, 후추(salt, pepper) to taste

만드는 법

01 | 호두(Walnut)를 뜨거운 물에 담가 불린 다음 껍질을 깨끗이 제거하여 준다.

02 | ①의 껍질을 제거한 호두(Walnut)를 곱게 다져(Minced) 놓는다.

03 | 신선한 라임(Fresh Lime)을 반으로 썰어 감귤류를 짜는 주서기(Citrus Juice)를 넣고 거품기(Whisk)로 충분히 저어 완성한다.

산딸기 드레싱 *Raspberry Dressing*

재료

산딸기(raspberry) 80g, 백포도주 식초(white wine vinegar) 20ml
양겨자(mustard) 1ts, 올리브 오일(olive oil) 120ml, 꿀(honey) 1t
다진 양파(chopped onion) little, 후추(pepper) to taste
소금(salt) to taste

만드는 법

01 | 볼(Bowl)에 알맞은 양의 다진 양파, 산딸기, 꿀, 양겨자, 올리브 오일, 백포도주 식초, 소금, 후추를 넣고 핸드믹서(Hand-Mixer)를 이용하여 곱게 갈아준다.

프렌치 드레싱 French Dressing

재료

마요네즈(mayonnaise) 1kg
아메리칸 머스타드(american mustard) 200g
파슬리 다진 것(parsely chop) 조금
백포도주(white wine) 0.5btl
통마늘(garlic whole) 20g
레몬 주스(lemon juice) 10ml
양파(onion) 50g, 소금(salt) 조금

만드는 법

01 | 양파는 잘게 썰어 놓는다. 양파, 와인, 마늘을 믹서기에 넣어 갈아준다.

02 | 믹싱 볼에 재료를 모두 넣고 마요네즈 넣어 저어준다.

03 | 맛을 보고 레몬 주스, 소금을 넣어 마무리한다.

레몬 드레싱 Lemon Dressing

재료

양파 다진 것(onion chop) 500g
올리브 오일(olive oil) 1100ml
후추(pepper) 3g
설탕(sugar) 800g
레몬 주스(lemon juice) 2ea
소금(salt) 20g

만드는 법

01 | 레몬 주스를 만들어 놓고 여기에 소금과 설탕을 넣어 잘 저어준다.

02 | 소금과 설탕이 녹으면 올리브 오일을 조금씩 부어주면서 분리되지 않게 잘 저어준다.

03 | 양파 다진 것을 넣고 맛을 보고 마무리한다.

크림 레몬 드레싱 *Creamy Lemon Dressing*

재 료

프레쉬 레몬 주스(fresh lemon juice) 50ml, 샐러드 오일(salad oil) 20ml
헤이즐넛 오일(hazelnut oil) 40ml, 후추(pepper) 조금, 소금(salt) 조금
졸인 크림(reduction cream) 250ml, 레몬 껍질(lemon rind) 10g

만 드 는 법

01 | 레몬 주스를 만들어 놓고 껍질은 벗겨서 아주 얇게 썰어 살짝 데쳐 놓는다.

02 | 생크림을 치면서 오일을 넣어 계속 저어주고 양념을 하여 사용한다.

허니 머스타드 드레싱 *Honey Mustard Dressing*

재 료

꿀(honey) 0.5btl
마요네즈(mayonnaise) 1btl
아메리칸 머스타드(american mustard) 200g
레몬 주스(lemon juice) 10cc
소금(salt)

만 드 는 법

01 | 믹싱 볼에 마요네즈 1통과 아메리칸 머스타드를 넣고 잘 저어준다.

02 | 꿀을 넣고 레몬 주스로 농도를 맞춘다.

시트론 소스 *Citron Sauce*

재료

시트론 티(citron tea) Ikg, 올리브 오일(olive oil) 170ml, 물(water) 170ml
소금(salt) 5g

만드는 법

01 | 유자차의 유자청을 준비하여 놓는다.

02 | 믹서기에 유자차와 올리브 오일, 물을 붓고 곱게 되도록 갈아준다.

03 | 맛을 보고 마무리한다.

머스타드 드레싱 *Mustard Dressing*

재료

포메리 머스타드(pomery mustard) 70g, 마요네즈(mayonnaise) 70g
백포도주 발사믹(white balsamic vinegar) 20g
올리브 오일(olive oil) 10ml, 후추(pepper) 조금, 소금(salt) 조금

만드는 법

01 | 믹싱 볼에 마요네즈, 포메리 머스타드 등을 넣고 잘 저어준다.

02 | 농도를 맞추고 양념하여 맛을 낸다.

파메산 치즈 앤초비 드레싱 *Parmesan Cheese and Anchovy Dressing*

재료

파메산 치즈(parmesan cheese) 100g, 앤초비(anchovy) 100g
계란(egg) 2pc, 올리브 오일(olive oil) 100ml, 식초(white vinegar) 60cc
L&P sauce 60cc, 마늘(garlic) 10g, 검은 후추(black pepper) 3g
양파(onion or shallot) 10g, 소금(salt) 5g

만드는 법

01 | 계란을 삶아 껍질을 제거하여 다져 놓는다. 마늘과 양파, 앤초비도 다져 놓는다.

02 | 볼에 계란 노른자 하나를 넣고 오일을 넣으면서 나무주걱으로 저어가면서 모든 재료를 넣는다.

03 | 파메산 치즈와 앤초비가 짜므로 소금의 양에 주의한다.

페스토 소스 *Pesto Sauce*

재료

파메산 치즈(parmesan cheese) 50g
잣(pine nut) 30g
신선한 바질(fresh basil) 50g
올리브 오일(olive oil) 100ml
파슬리(parsely) 10g, 통마늘(garlic) 10g
후추(pepper) 약간, 소금(salt) 약간

만드는 법

01 | 바질과 파슬리를 잘 씻어 물기를 제거하여 놓는다.

02 | 잣과 마늘을 잘 씻어 놓는다.

03 | 믹서기에 모든 재료를 넣고 갈아주면서 양념을 한다.

바질 소스 *Basil Sauce*

재료

페스토 소스(pesto sauce) 100g, 올리브 오일(olive oil) 50g
신선한 바질(fresh basil) 10g

만드는 법

01 | 페스토 소스와 다진 바질, 오일을 잘 섞어준다.

코리안더 페스토 소스 *Coriander Pesto Sauce*

재료

파메산 치즈(parmesan cheese) 50g, 잣(pine nut) 20g
신선한 코리안더(fresh coriander) 500g, 올리브 오일(olive oil) 200ml
파슬리(parsely) 250g, 통마늘(garlic) 5g, 후추(pepper) 3g, 소금(salt) 5g

만드는 법

01 | 코리안더와 파슬리를 잘 씻어 물기를 제거하여 놓는다.

02 | 잣과 마늘을 잘 씻어 놓는다.

03 | 믹서기에 모든 재료를 넣고 갈아주면서 양념을 한다.

트뤼플 드레싱 *Truffle Dressing*

재료

트뤼플(canned truffle) 1/2, 백트뤼플 오일(truffle oil) 160g
트뤼플 주스(truffle juice) 40g, 오렌지 주스(orange juice) 30ml
올리브 오일(olive oil) 160ml, 후추(pepper) to taste, 소금(salt) to taste

만드는 법

01 | 송로버섯을 아주 작은 크기로 자르고 짜준다.

02 | 오일을 제외한 모든 재료를 믹싱 볼에 넣고 거품기나 수저로 잘 저어준다.

03 | 저어주는 중간에 오일을 천천히 붓는다.

04 | 소금, 후추로 간을 하고 병에 담아 사용한다.

채소 비네그레트 *Vegetable Vinaigrette*

재료

토마토 케첩(tomato ketchup) 20g
푸른 피망(green pimento) 50g
붉은 피망(red pimento) 50g
블랙 올리브(black olive) 30g
그린 올리브(green olive) 30g
타바스코(tabasco) 30ml
양파(onion) 50g, 피클(pickle) 50g
백포도주(white wine) 50cc
레몬 주스(lemon juice) 300ml
소금(salt) 조금
오일(Oil)

만드는 법

01 | 양파, 청피망, 홍피망을 깨끗이 씻어 큼직하게 썰어 놓는다. 양파, 케이퍼, 피클을 분쇄기에 넣어 거칠게 갈아 소창에 짜준다.

02 | 믹싱 볼에 다져 놓은 재료를 모두 담고 마요네즈, 화이트와인, 피클 주스를 넣어 저어준다.

03 | 맛을 보고 레몬 주스, 소금을 넣어 마무리한다.

일본 된장 드레싱 *Green Miso Dressing*

재료

일본 된장(white miso) 60ml, 정종(sake) 45g, 식초(vinegar) 15ml
국물(dashi) 130ml, 시금치(spinach) 100g, 일본겨자(wasabi) 10g
소금(salt) 조금

만드는 법

01 | 작은 그릇에 된장, 정종, 식초 국물을 넣고 잘 섞는다.

02 | 농도가 굳어지면 열을 따뜻하게 하여 잘 섞어 저으면서 농도를 푼다.

샐러드 드레싱 *Salad Dressing*

재료

식초(vinegar) 1lt, 간장(soy sauce) 1lt, 생수(water) 2lt, 면실유(salad oil) 1lt
마요네즈(mayonnaise) 1lt, 참기름(sasame oil) 약간, 양파(onion) 100g
마늘(garlic) 20g, 당근(carrot) 100g, 레몬(lemon) 1/2ea, 후추(pepper) 3g

만드는 법

01 | 모든 재료를 계량하여 섞어준다.

오리엔탈 드레싱 *Oriental Dressing*

재료

깐 양파(onion) 800g, 고수(coriander) 200g, 홍고추(red chili) 180g
올리브 오일(olive oil) 100ml, 데리야끼 소스(teriyaki sauce) 250ml
참기름(sesame oil) 40g, 레몬 주스(lemon juice) 40ml, 소금(salt) 3tsp

만드는 법

01 | 양파는 곱게 다져 물에 씻은 뒤 소창에 담아 물기를 짜서 준비해 둔다.

02 | 홍고추를 곱게 다져 소창에 짜서 물기를 제거하여 놓는다. 고수는 곱게 다져 준비한다.

03 | 볼에 모든 재료를 넣고 섞어준다. 여기에 레몬 주스와 소금, 후추로 양념하여 사용한다.

마늘 드레싱 *Garlic Dressing*

재료

마늘(garlic) 50g, 올리브 오일(olive oil) llt, 식초 또는 레몬즙(lemon) 50g
설탕(sugar) 50g, 양파 다진 것(onion) 100g, 소금(salt) 조금

만드는 법

01 | 마늘과 양파는 껍질을 벗겨 크게 썰어 놓는다.

02 | 믹서기에 모든 재료를 넣고 갈아 사용한다.

스파이시 샐러드 드레싱 *Spicy Salad Dressing*

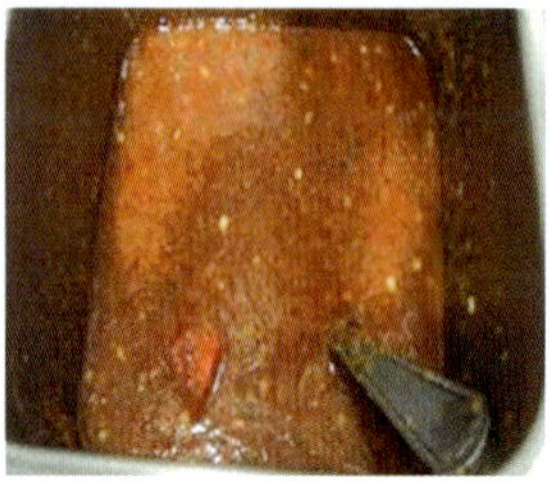

재료

피시소스(fish sauce) 1.4lt
레몬 주스(lemon juice) 5.6lt
양파(onion) 1kg
홍고추(red chili) 1kg
청고추(green chili) 1kg
태국고추(thai chili) 1kg
깐 마늘(garlic) 1kg
고수줄기(coriander) 500g
설탕(sugar) 200g
올리브 오일(olive oil) 300ml
아이미(ami) 45g
칠리 페스트 700g
소금(salt) 약간

만드는 법

01 | 고추, 양파, 고수, 마늘을 믹서기에 넣고 피시소스와 레몬 주스를 나누어 넣어 가며 거칠게 갈아준다.

02 | 믹서기에 간 것을 믹싱 볼에 재료를 모두 담고 아이미, 설탕을 넣고 롱 스푼으로 저어준 뒤 올리브 오일을 서서히 섞어준다.

03 | 작은 인서트 통(1.5lt) 6개에 옮겨 담은 후 뚜껑을 덮어 냉장고에 저장한다.

04 | 사용 시 드레싱 1통 분량(1.3lt)과 칠리 페이스트(100g)을 혼합하여 사용한다.

05 | 고수는 줄기와 뿌리 부분을 사용한다. 맛을 보고 레몬 주스, 소금을 넣어 마무리한다.

마늘 마요네즈 *Garlic Mayonnaise*

재료

마늘 삶은 것(boiled garlic) 4쪽, 마요네즈(mayonnaise) 100g
겨자가루(red paprika) 15g, 레몬즙(lemon) 15g, 설탕(sugar) 15g

만드는 법

01 | 마늘은 꼭지를 제거하여 삶아 놓는다. 식으면 으깨어 마요네즈 등과 섞어준다.

02 | 여기에 레몬즙 등을 섞어 맛을 내준다.

마늘 비네그레트 *Garlic Vinaigrette*

재료

마늘(garlic) 1통, 올리브 오일(olive oil) 60ml, 식초(vinegar) 30g
설탕(sugar) 10g, 양파 다진 것(onion) 30g, 소금(salt) 조금
후추(pepper) 조금

만드는 법

01 | 구워놓은 마늘을 속만 믹서기에 넣는다. 다른 재료도 계량하여 함께 갈아 놓는다.

02 | 여기에 프레쉬 타임을 다져 넣고 맛을 내어 사용한다.

제3절 | 스톡(stock)

1. 화이트 스톡(White Stock)

화이트 스톡은 가장 기본적인 스톡으로 닭, 송아지 또는 소뼈를 채소와 함께 끓인 다음 양념을 한 것으로, 가장 중요한 것은 요리의 색을 변화시키지 않도록 맛만을 우려낸다는 것이다.

치킨 스톡 *Chicken Stock*

재료

닭뼈(chicken bone) 750g
당근(carrot) 50g, 양파(onion) 80g
마늘(garlic) 1쪽, 클로브(clove) 5개
샐러리(celery) 2줄기, 타임(thyme) 2g
월계수 잎(bay leaf) 5pc
로즈마리(rosemary) 2g
통후추(whole pepper) 3g
소금(salt) 3g, 물(water) 1.5ℓ

만드는 법

01 | 닭뼈를 흐르는 물에 담가 핏물을 제거한다.

02 | 채소 미르포아를 잘라 놓는다.

03 | 깊은 냄비에 모든 재료를 넣고 끓인다. 종종 거품과 이물질을 걷어낸다. 약 2~3시간 정도 은근하게 끓여 거른다.

04 | 걸러서 식힌 다음 곧바로 사용할 양 외에는 오래 사용할 수 있도록 냉동 보관한다.

가금류 스톡 Game Stock

재료

가금류 뼈(game bone) 1kg, 미르포아(mirepoix) 450g
부케 가르니(bouquet garni) 25g, 통후추(whole pepper) 조금
물(water) 2lt

만드는 법

01 | 뼈는 핏물을 뺀 뒤 물기를 제거한 후 팬에 버터를 넣어 갈색으로 볶는다.

02 | 채소는 적당한 크기로 잘라 씻은 후 같이 볶아 색을 낸다.

03 | 깊은 냄비에 모든 재료를 넣고 약 2시간 정도 끓인 뒤 걸러서 스톡만 더 끓여 졸여준다.

생선 스톡 *Fish Stock*

재료

생선뼈(fish bone) 2kg, 당근(carrot) 50g
양파(onion) 80g, 마늘(garlic) 1쪽
백포도주(white wine) 250ml
샐러리(celery) 2줄기
부케 가르니(bouquet garni) 1개
레몬 주스(lemon juice) 1/2개
흰 통후추(white wine) 3개
월계수 잎(bay leaf) 2잎
소금(salt) 5g, 물(water) 2.5lt

만드는 법

01 | 생선뼈를 소금물에 10분 정도 담가 놓았다가 흐르는 물에 핏물을 제거한다. 생선 스톡은 냄새가 많이 나는 종류의 생선은 사용하지 않는다.

02 | 채소 미르포아를 잘라 놓는다.

03 | 깊은 냄비에 모든 재료를 넣고 끓인다. 종종 거품과 이물질을 걷어낸다. 약 30분 정도 은근하게 끓여 거른다.

04 | 걸러서 식힌 다음 곧바로 사용할 양 외에는 오래 사용할 수 있도록 냉동 보관한다.

05 | 완성된 스톡은 면보나 고운 체에 걸러준다.

2. 브라운 스톡(Brown Stock)

브라운 스톡은 재료를 볶아 색을 낸 뒤 우려낸 것으로 갈색을 띤다. 브라운 스톡은 주로 색이 들어가는 음식에 사용되며 강한 향과 맛이 특징이다.

1) 뼈를 오븐에 굽는 방법(Caramelizing Bones)

① 갈색을 내기 위해 오븐에 구울 뼈는 씻지 말고 깨끗하게 손질한다.

② 적당하게 잘라진 뼈를 약간 깊이가 있는 팬 위에 겹치지 않도록 가지런히 놓는다.

③ 섭씨 190~200℃ 정도로 오븐에서 약 1시간 구워준다. 고르게 색이 나지 않을 경우, 한두 번 정도 뒤집어주고 타지 않도록 구워낸다.

④ 짙은 갈색으로 변하면 스톡 그릇에 모두 넣고, 바닥과 팬의 옆면에 남은 것도 데글레이즈(Deglaze)하여 스톡 그릇에 담는다.

2) 채소 색 내는 방법(Caramelizing)

① 채소를 볶아 사용할 수도 있고 오븐에 구워 사용할 수도 있다.

② 채소를 볶을 때는 높은 열로 볶아 색을 내 주어야 한다.

③ 토마토 페스트를 볶아 넣어야 하는데 그 이유는 페스트의 떫은맛과 신맛을 제거해 주어 맛을 내준다.

브라운 스톡 *Basic Brown Stock*

재료

식용유(vegetable oil) 150g
송아지 뼈(veal bone) 10kg
마늘(garlic) 30g
양파(onion) 500g
토마토(tomato) 200g
당근(carrots) 300g
대파(leek) 330g
셀러리(celery) 200g
토마토 페스트(tomato paste) 200g
물(water) 25kg
조미료(seasoning) 20g

만드는 법

01 | 뼈를 팬에 담아 오븐에 넣고 갈색이 날 때까지 구워준다.

02 | 스푼을 이용해 기름기를 제거한 후 미르포아와 토마토를 넣고 계속 구워준다.

03 | 구운 뼈를 오븐에서 꺼내 소스 팬에 옮긴 후 물을 넣고 끓여서 졸여준다.

04 | 졸인 뼈에 물을 넣고 약한 불에서 2시간 동안 은근하게 끓인다. 이때 떠오르는 기름이나 거품을 제거해준다.

05 | 완성된 스톡은 면보나 고운 체에 걸러준다.

3. 갑각류 스톡(Shellfish Stock)

재료

백포도주(white wine) 2lt, 생선스톡(fish stock) 4lt, 양파(onion) 200g
홍합(mussel) 3kg, 조개(clams) 2kg, 마늘(garlic) 50g

만드는 법

01 | 조개와 홍합을 닦아 놓는다.

02 | 재료를 소스통에 넣고 찬 생선 스톡을 넣어 끓여준다.

03 | 걸러서 용도에 맞게 사용한다.

4. 특별 스톡(Special Stocks)

다시 *Dashi*

재료

다시마(sea tangle) 25g, 가츠오부시(gatsuobushi) 25g, 물(water) 1lt

만드는 법

01 | 다시마는 향이 사라지지 않도록 물로 닦아내지 말고, 깨끗한 보를 이용해 이물질을 털어낸다.

02 | 깊은 냄비에 모든 재료를 넣고 끓이다가 끓어오르면 모두 걸러서 스톡만 더 끓여 졸여준다.

채소 스톡 *Vegetable Stock*

재료

미르포아(mirepoix) 450g, 대파(leek) 25g
부케 가르니(bouquet garni) 25g, 물(water) 1.5lt

만드는 법

01 | 채소를 적당한 크기로 잘라 씻어 놓는다.

02 | 깊은 냄비에 모든 재료를 넣고 약 1시간 정도 끓인다.

03 | 면보나 고운 체에 걸러서 스톡만 더 끓여 졸여준다.

감초 스톡 *Licorice Stock*

재료

감초(licorice) 100g, 생강(leek) 80g, 물(water) 7lt

만드는 법

01 | 모든 재료를 넣고 약한 불에서 은근히 끓인다.

02 | 걸러서 놓고 필요에 따라서 사용한다.

부야베스 스톡 *Bouillabaisse Stock*

재료

생선뼈와 머리(fish bone) 300g, 양파 다진 것(onion chop) 50g
대파 다진 것(leek chop) 30g, 토마토(tomato) 50g, 버터(butter) 3g
페르노 와인(pernod wine) 80ml, 마늘(garlic) 조금
생선 스톡(fish stock) 1000ml, 샤프란(saffron) 조금

만드는 법

01 | 싱싱한 도미를 필레(Filet)하고 껍질을 벗겨 알맞은 크기로 썬 다음 뼈는 찬물에 담가 놓는다.

02 | 생선뼈의 물기를 제거하고 뼈에 샤프란을 발라 놓는다. 채소는 슬라이스하여 놓는다.

03 | 팬을 달구어 버터를 넣고 뼈를 넣어 가볍게 볶아준다. 다음은 양파와 대파, 토마토를 넣고 살짝 볶아준다.

04 | 소스통에 모두 넣고 여기에 생선 스톡을 넣고 은근히 끓여준다. 절대 팔팔 끓여서는 안 된다. 거를 때는 소창에 걸러준다.

제4절 | 홀랜다이즈 소스(Hollandise Sauce)와 응용

노른자와 정제버터를 주재료로 한 소스로 생선, 채소, 스테이크 등에 많이 사용된다.

홀랜다이즈 소스 *Hollandise Sauce*

재료

정제버터(clear butter) 170g
달걀(egg) 20cc
식초(vinegar) 20g
양파(onion) 5g
물(water) 100ml
통후추(whole pepper) 2g
파슬리(parsley) 20g
레몬 주스(lemon juice) 20cc
소금(salt) 약간

만드는 법

01 | 정제버터를 만들어 놓는다. 믹싱 볼에 계란 노른자, 식초 스톡을 넣는다.

02 | 중탕에서 위퍼로 저어 사바용 상태를 만들어 놓는다.

03 | 불에서 내려 정제버터를 넣으면서 소스를 만들어 놓는다.

04 | 여기에 레몬 주스, 소금을 넣어 섞으면서 맛을 내어준다.

베어네이즈 소스 *Bearnaise Sauce*

재료

버터(butter) 170g
타라곤 식초(tarragon vinegar) 20cc
디종 머스타드(dijon mustard) 20g
소금(salt) 5g
프레쉬 그라운드 후추(ground pepper) 2g
프레쉬 타라곤 다진 것(fresh tarragon) 20g
레몬 주스(lemon juice) 20cc

만드는 법

01 | 정제버터를 만들어 놓는다. 믹싱 볼에 계란 노른자, 식초, 스톡, 머스타드를 넣는다.

02 | 중탕에서 위퍼로 저어 사바이옹 상태를 만들어 놓는다.

03 | 불에서 내려 정제버터를 넣으면서 소스를 만들어 놓는다.

04 | 여기에 타라곤 다진 것을 양념과 레몬 주스를 넣어 섞으면서 맛을 내어준다.

사바이옹 *Sabayone*

재료

계란 노른자(egg yolk) 1ea, 백포도주(white wine) 50ml
소금, 후추(salt, pepper) 조금

만드는 법

01 | 계란은 흰자와 노른자를 분리하여 노른자만 믹싱 볼에 넣는다.

02 | 여기에 백포도주를 넣어 중탕에서 거품기로 쳐서 뻣뻣하게 만든다. 필요에 따라 사용한다.

칠리 홀랜다이즈 *Chilli Hollandise*

재료

홀랜다이즈(hollandise) 60ml
디종 머스타드(dijon mustard) 5g
우스터 소스(worcester sauce) 2ml
타바스코 소스(Tabasco sauce) 2ml
레드 칠리(Red chilli) 10g

만드는 법

01 | 홀랜다이즈 소스를 만들어 놓는다.

02 | 여기에 모든 재료를 섞고 저어준다.

말타이즈 소스 *Maltaise Sauce*

재료

정제버터(cleaned butter) 250g
백 식초(vinegar white vinegar) 15ml
계란 노른자(egg yolk) 3ea
소금(salt) 조금
케인엔 후추(Cayenne pepper) 1g
오렌지(fresh orange juice and zest) 2pc
레몬 주스(lemon juice) 15ml

만드는 법

01 | 정제버터를 만들어 놓는다. 믹싱 볼에 계란 노른자, 식초, 스톡, 머스타드를 넣는다.

02 | 중탕에서 위퍼로 저어 사바이옹 상태를 만들어 놓는다.

03 | 불에서 내려 정제버터를 넣으면서 소스를 만들어 놓는다.

04 | 여기에 오렌지 주스와 제스트, 레몬 주스를 넣어 섞으면서 맛을 내어준다.

제5절 | 우유와 크림 소스(Milk & Cream Sauce)

흰색 루(Roux)에 우유와 크림을 주재료로 한 흰색 소스인데 생선, 채소에 많이 이용된다. 베샤멜 소스는 영어로는 크림 소스이다. 이 소스는 프랑스 귀족의 이름으로 크림 소스는 흰색 소스의 기본이 되는 모체 소스이다.

크림 치즈 소스 *Creamy Cheese Sauce*

재료

베샤멜 소스(bechamel sauce) 120ml
프레쉬 크림(fresh cream) 120ml
파메산 치즈(parmesan cheese) 20g
홀랜다이즈 소스(hollandise sauce) 5g
마늘(garlic) 1g

만드는 법

01 | 만들어 놓은 베샤멜 소스를 준비하여 놓는다.

02 | 여기에 생크림과 파메산 치즈를 넣어 같이 끓여준다.

03 | 불에서 내려 홀랜다이즈를 섞어 사용한다. 필요에 따라 내려 다진 허브를 넣어준다.

베샤멜 소스 *Bechamel Sauce*

재료

화이트 루(white roux) 140g
(버터 70g+중력 밀가루 70g)
우유(fresh milk) 1,000ml
생크림(fresh cream) 200ml
레몬 주스(lemon juice) 15ml
버터(butter) 20g
소금, 너트맥(salt, nutmeg) 조금
케이엔 페퍼(cayenne pepper) 조금
월계수 잎(bay leaves) 2장
양파(onion) 20g, 마늘(garlic) 5g

만드는 법

01 | 루(roux)를 만들어야 한다. 버터가 중간 정도 녹았을 때 밀가루를 체에 쳐서 넣고 약한 불에서 오래 볶아준다.

02 | 팬을 달구어 오일 또는 버터를 다진 양파를 반투명해질 때까지 약 6분 동안 볶아준다. 여기에 루(roux)를 넣어 가볍게 볶아준다.

03 | 여기에 우유를 넣어주면서 거품기로 저어 루의 덩어리를 으깨어준다.

04 | 불을 낮추고 양파에 정향 꽂아 넣어주고 은근한 불에서 밑을 저어주면서 약 20분간 끓여준다. 여기에 생크림을 넣고 약 10분간 끓여준다. 소금과 너트맥으로 양념한다.

05 | 깨끗한 소창을 두 겹으로 하여 소스를 걸러준다. 필요에 따라 사용한다.

생강 코코넛 소스 *Ginger Coconut Sauce*

재료

적포도주 식초(red wine vinegar) 50ml, 설탕(sugar) 50g
물(water) 150ml, 백포도주(white wine) 150ml, 생강(fresh ginger) 20ml
코코넛(fresh cream) 50ml, 졸인 크림(reduced cream) 200ml

만드는 법

01 | 설탕과 식초를 함께 넣어 색이 날 때까지 끓인다. 물과 와인을 넣고 더 끓여준다.

02 | 여기에 생강을 넣고 은근하게 절반으로 졸여준다. 소스를 걸러 놓는다. 여기에 코코넛을 넣어 다시 끓여준다.

03 | 졸이면서 크림을 넣어 농도를 맞추어준다.

딜 소스 *Dill Sauce*

재료

드라이 백포도주(dry white wine) 50ml, 크림(cream) 20ml
다진 샬롯(shallot chop) 50g, 백포도주 식초(white wine vinegar) 50ml
기본 흰 생선 소스(basic white fish sauce) 50ml, 버터(butter) 10g
프레쉬 딜(fresh dill) 2g

만드는 법

01 | 프레쉬 딜을 다져 놓는다. 샤롯은 따로 다져 놓는다.

02 | 팬에 버터를 넣고 다진 샬롯을 넣고 가볍게 볶다가 포도주와 포도주 식초를 넣어 졸여준다. 여기에 기본 소스를 넣어 더 졸여준다.

03 | 생크림을 넣어 끓여준 후 마지막에 다진 딜을 넣어 섞어준다. 소금, 후추로 맛을 마무리한다.

머스타드 딜 소스 *Mustard Dill Sauce*

재료

송아지 스톡(veal stock) 100ml, 드라이 백포도주(white wine) 50ml
크림(cream) 20ml, 차이브(chive) 2g, 디종 머스타드(dijon mustard) 20g
버터(butter) 10g, 마늘(garlic) 10g, 프레쉬 딜(fresh dill) 2g

만드는 법

01 | 팬에 버터를 넣고 다진 마늘과 와인, 스톡을 넣는다.

02 | 한번 끓여준 후 머스타드와 생크림을 넣어 더 졸여준다.

03 | 마지막에 다진 딜을 넣어 섞어준다.

크림 참치 소스 *Creamy Tuna Fish Sauce*

재료

참치살(tuna fish) 150g, 올리브 오일(olive oil) 100ml, 크림(cream) 50ml
레몬 주스(lemon juice) 15ml, 계란(egg) 1pc, 케이퍼(caper) 10g
멸치젓(anchovy fillet) 10g, 마늘(garlic) 10g, 프레쉬 딜(fresh dill) 2g
소금, 후추(salt, pepper) 조금

만드는 법

01 | 멸치젓과 케이퍼는 다져 놓는다. 볼에 계란, 레몬 주스, 올리브 오일을 넣어 섞는다.

02 | ①에 참치와 생크림, 케이퍼를 넣어 섞은 후 소금 후추로 양념하여 준다.

크림 마늘 퓨레 *Creamed Garlic Puree*

재료

마늘(young garlic) 50g, 프레쉬 타임(fresh thyme) 3g
크림(cream) 70ml, 흰 양고기 스톡(white lamb stock) 100ml
소금, 후추(salt, pepper) 조금

만드는 법

01 | 팬을 달구어 마늘을 볶는다. 그리고 타임과 흰 양고기 육수를 넣는다.

02 | 마늘이 부드러워질 때까지 삶는다.

03 | 여기에 생크림을 넣고 더 졸여준다.

04 | 갈아서 양념을 하여 사용한다.

타라곤 크림 굴 소스 *Tarragon Cream Oyster Sauce*

재료

흰 생선 소스(basic white fish sauce) 70ml
타라곤 프레쉬(fresh tarragon) 2g, 타라곤 식초(tarragon vinegar) 5ml
굴 프레쉬(White Lamb stock) 4pc, 생크림(whipped cream) 20ml
소금, 후추(salt, pepper) 조금

만드는 법

01 | 생선 소스를 준비하여 놓는다.

02 | 타라곤을 깨끗이 씻어 물기를 제거하여 다져 놓는다.

03 | 생크림은 휘핑하여 놓는다.

04 | 생선 타라곤과 식초를 넣어 끓인 다음 걸러 놓는다. 깐 생굴을 넣어 살짝 끓여주면서 음식에 뿌려줄 때 생크림 친 것을 넣어 섞어준 다음 내어준다.

호박 크림 소스 *Zucchini Cream Sauce*

재료

그린 호박(zucchini green) 80g, 양파 다진 것(onionchop) 10g
버터(butter) 5g, 생크림(cream) 20ml, 소금, 후추(salt, pepper) 조금

만드는 법

01 | 양파는 다져 놓고 호박은 썰어 놓는다. 팬을 달구어 버터를 녹인 다음 양파와 호박을 넣어 볶는다.

02 | 생크림을 넣는다. 부드러워질 때까지 끓인다.

03 | 믹서기에 갈아 소금과 후추로 양념하여 놓는다.

04 | 필요 시 생크림을 약간씩 더 넣어 사용한다.

처빌 소스 *Chervile Sauce*

재료

기본 생선 소스(basic white fish sauce) 50ml, 버터(butter) 100g
백 식초(white vinegar) 5ml, 생크림(heavy cream) 20ml
샤롯 다진 것(shallot chop) 50g, 프레쉬 쳐빌(fresh chervile) 10g
소금, 후추(salt, pepper) 조금

만드는 법

01 | 양파는 다져 놓고 생크림은 졸여 놓는다.

02 | 팬을 달구어 버터를 녹여 양파를 볶다가 와인을 넣어 후람베하여 졸여준 다음 식초를 넣어 졸인다.

03 | 여기에 졸인 생크림과 기본 생선 소스를 넣어 같이 끓여준다.

04 | 소스를 서빙하기 전 다진 처빌을 섞어 맛을 내준다.

모르네이 소스 *Mornay Sauce*

재료

베샤멜 소스(bechamel sauce) 1lt, 그뤼에르 치즈(gruyere cheese) 80g
계란 노른자(egg yolk) 2ea, 양송이 쿨리스(mushroom coulis) 20g
버터(butter) 20g

만드는 법

01 | 베샤멜 소스에 치즈를 넣고 은근하게 끓인 다음 고운 천에 걸러준다.

02 | 여기에 양송이 쿨리를 넣고 잘 섞어준 다음 위에 버터를 올려 막 형성을 방지(tamponner)하여 놓고 사용한다.

수비즈 소스 *Soubise Sauce*

재료

베샤멜 소스(bechamel sauce) 500ml, 양파 슬라이스(onion slice) 150g
마늘(garlic) 5g, 소금, 후추(salt, pepper) 조금, 버터(butter) 40g

만드는 법

01 | 버터는 데우고 채 썬 양파를 넣고 약한 불에서 천천히 색이 나지 않을 정도로 아주 살짝 볶아준다(suer).

02 | 부드럽게 익힌 양파에 베샤멜 소스와 약간의 크림을 넣고 약한 불로 끓여서 양념하여 고운 체에 걸러 준다.

03 | 사용할 때마다 마늘 쿨리를 넣어 사용한다.

파슬리 소스 *Parsley Sauce*

재료

베샤멜 소스(bechamel sauce) 1lt, 다진 파슬리(parsley chop) 80g
소금, 후추(salt, pepper) 조금

만드는 법

01 | 파슬리를 다져서 천에 담아 물기를 제거하여 놓는다.

02 | 음식이 나가기 전 필요 시 베샤멜 소스에 넣어 내준다.

03 | 언제나 간이 맞아야 하므로 소금, 후추로 맛을 내준다. 소스가 너무 되면 생크림을 조금 넣어주면 맛도 농도도 좋아진다.

마늘 크림 소스 *Garlic Cream Sauce*

재료

마늘(garlic) 500ml, 프레쉬 크림(fresh cream) 1lt
소금, 후추(salt, pepper) 조금

만드는 법

01 | 마늘을 끓는 물에 5~6번 데쳐 낸다.

02 | ①에 크림을 붓고 약한 불에서 부드럽게 익을 때까지 은근히 졸인다.

03 | 믹서기에 곱게 갈아 체에 내린 다음 필요에 따라 양념하여 사용한다.

홀스래디시 크림 *Horseradish Cream*

재료

크림(cream) 60ml, 홀스래디시(horseradish) 45g
레몬 주스(lemon juice) 15ml, 소금(salt) 조금

만드는 법

01 | 휘핑 크림을 거품기를 이용하여 80% 정도 거품이 올라가도록 한다.

02 | 홀스래디시와 레몬 주스, 소금을 넣어 잘 섞는다.

사우어 크림 소스 *Sour Cream Sauce*

재료

사우어 크림(sour cream) 1kg, 마요네즈(mayonnaise) 400g
케이퍼와 주스(caper and juice) 120g
레몬 주스와 제스트(lemon juice and zest) 5g
홀스래디시(horseradish) 30g, 딜 다진 것(orange juice) 5g
후추(pepper) 15g, 소금(salt) 15g

만드는 법

01 | 레몬, 케이퍼 그리고 딜을 잘게 썬다. 레몬 주스와 나머지 재료를 잘 섞는다.

02 | 소금, 후추로 간을 하고 소금은 충분히 넣어 잘 저어준다.

제6절 | 벨루테 소스(Veloute Sauce)

쇠고기 육수, 닭 육수, 생선 육수, 우유 등에 루(roux)를 넣어 만든 소스로 육류, 닭, 생선, 해산물 요리 등에 많이 이용한다. 소스의 농도는 음식의 종류에 따라 조절하는데 루(roux)와 스톡(stock)의 비율을 1:3으로 넣으면 된다.

슈프림 소스 *Supreme Suce*

재료

치킨 벨루테(chicken veloute) 100ml, 치킨 스톡(chicken stock) 200ml
프레쉬 크림(fresh cream) 30ml, 버터(butter) 3g
소금, 후추(salt, pepper) 조금

만드는 법

01 | 치킨 벨루테를 만들어 크림을 넣고 끓여 10분 정도 졸인다.

02 | 거품을 걷고 고운 체나 치즈 크로스로 거른다.

03 | 거른 소스에 소금, 후추를 양념한다.

04 | 마지막에 버터를 조금씩 넣으면서 흔들어 섞어준다.

백포도주 소스 *White Wine Sauce*

재료

생선스톡(fish stock) 5,000ml, 양송이(mushroom) 500g, 루(roux) 100g
프레쉬 크림(fresh cream) 3,000ml, 파슬리(parsley) 10g
월계수 잎(bay leaf) 1pc, 백포도주(dry white winc) 200ml
소금, 후추(salt, pepper) 조금

만드는 법

01 | 생선 육수에 양송이, 파슬리 줄기와 월계수 잎을 넣어 1/3 정도가 되도록 졸인다.

02 | 졸인 생선 육수에 색이 약한 갈색이 될 때까지 졸인다.

03 | 냉장고에 있는 생크림은 미리 내 놓았다가 넣고 끓이는데 너무 세게 끓여 넘치면 안 된다. 맛도 양도 조절이 안 된다.

04 | 은근히 끓이다가 약 90℃에서 루(roux)를 풀어주는 게 가장 좋다. 양념을 하여 고운 천에 걸러서 식혀 보관하면서 사용한다.

뵈흐 블랑 소스 *Beurre Blanc Sauce*

재료

물(water) 5lt, 조개(clam) 2kg
홍합(mussel) 2kg, 타임(thyme) 5g
백포도주(white wine) 1lt
생크림(fresh cream) 2lt
대파(leek) 100g, 양파(onion) 100g
마늘(garlic) 20g, 딜(dill) 5g
소금, 후추(salt, pepper) 조금

만드는 법

01 | 조개는 소금을 넣어 하루 전에 해감을 시켜 놓는다. 홍합은 잘 씻어서 털을 제거하여 놓는다.

02 | 양파와 대파, 마늘은 가늘게 썰어 놓는다. 팬을 달구어 오일을 약간 두르고 양파와 대파, 마늘을 볶다가 조개와 홍합을 넣어 같이 볶아준다. 그런 다음 와인을 넣어 졸여준다. 여기에 물과 생크림을 넣어 끓인 후 고운 천에 걸러서 사용한다.

> 이 소스는 하얏트 호텔 프랑스 레스토랑 "Hugos"에 근무할 때 만들어 생선 종류 소스의 기본으로 사용하던 것으로 많은 인기를 모았던 소스의 기본이다.

Tip 베흐 블랑 소스(Beurre Blanc Sauce)의 파생

① 시트러스 소스(Citrus Fruit Sauce)=베흐 블랑 소스+다진 샬롯+레몬 주스+화이트와인

② 생강 소스(Ginger Sauce)=베흐 블랑 소스+다진 샬롯+생강즙+생크림+화이트와인

③ 파슬리 소스(Parsley Sauce)=베흐 블랑 소스+다진 샬롯+파슬리 다진 즙+생크림+화이트와인

④ 물냉이 소스(Watercress Sauce)=베흐 블랑 소스+다진 샬롯+물냉이 다진 즙+생크림 + 화이트와인

⑤ 채소 소스(Vegetable Sauce)=베흐 블랑 소스+다진 샬롯+각종 채소 다진 것+생크림+화이트와인

⑥ 타라곤 소스(Taragon Sauce)=베흐 블랑 소스+다진 샬롯+다진 타라곤+생크림+화이트와인

갑각류 벨루테 *Shellfish Veloute*

재료

갑각류 스톡(shellfish stock) 5lt
밀가루(flour) 200g
버터(butter) 140g
졸인 크림(reduced cream) 4lt
소금, 후추(salt, ground pepper) 조금

만드는 법

01 | 팬에 버터를 녹인 후 밀가루를 넣어 브론즈 루(roux)로 볶아준다.

02 | 여기에 갑각류 스톡을 넣고 같이 끓여준다.

03 | 끓이면서 졸인 생크림을 넣어 같이 졸여준다.

아메리칸 소스 American Sauce

재료

가재 또는 새우, 게 껍질(lobster and prawn shell) 1000g
생선 스톡(fish stock) 7,000ml, 생선뼈(fish bone) 100g
토마토 홀(tomato whole) 6,000g, 토마토 프레쉬(fresh tomato) 100g
토마토 페이스트(tomato paste) 500g, 당근(carrot) 500g
셀러리(celery) 300g, 양파(onion) 1,000g, 마늘(garlic) 200g
타임(thyme) 2g, 바질(basil) 2g, 파슬리(parsley) 10g
월계수 잎(bay leaf) 1pc, 검은 후추(black ground pepper) 조금
백포도주(dry white wine) 200ml, 브랜디(brandy) 100ml, 소금(salt) 조금

만드는 법

01 | 토마토는 꽁카세를 하여 놓고 미르포아는 듬성듬성 썰어 놓는다. 바닷가재 껍질이나 작은 돌게 껍질과 생선뼈 등은 씻어 물기를 제거하여 오븐에 굽거나 아니면 팬에 버터를 녹이고 볶아 색을 내어 놓는다. 미르포아도 색이 나도록 볶아준다.

02 | 토마토 페이스트를 가볍게 볶아 넣어준다. 여기에 구워 놓은 갑각류 껍질을 넣고 향신료를 넣는다. 그리고 와인과 브랜디를 후람베하여 3/4이 될 때까지 졸여준다.

03 | 여기에 생선 육수를 넣고 토마토 꽁카세 등과 모든 재료를 넣고 약한 불로 약 20분 정도 졸여준다.

04 | 소스를 믹서기에 갈아 거친 체에 걸러서 다시 한번 끓이면서 맛을 내주고 다시 고운 천에 걸러서 식혀 보관하면서 사용한다.

낭투아 소스 *Nantua Sauce*

재료

가재 또는 새우, 게 껍질(lobster, prawn shell) 1000g, 버터(butter) 100g
생선 스톡(fish stock) 200ml
크림소스(cream sauce) 500ml
토마토 꽁카세(tomato concassees) 400g
타임(thyme) 2g, 바질(basil) 2g
토마토 페이스트(tomato paste) 40g
작은 사각 당근(small dice carrot) 100g
파슬리(parsley) 10g, 코냑(cognac) 50ml
작은 사각 샤롯(small dicecelery) 40g
월계수 잎(bay leaf) 1pc
작은 사각 양파(small dice onion) 100g
검은 후추(black ground pepper) 조금
백포도주(dry white wine) 200ml
소금, 케이엔 페퍼(salt, cayenne pepper) 조금

만드는 법

01 | 토마토는 꽁카세를 하여 놓고 미르포아는 듬성듬성 썰어 놓는다. 바닷가재 껍질이나 작은 돌게 껍질 등은 씻어 물기를 제거하여 오븐에 굽거나 아니면 팬에 버터를 녹이고 복아 색을 내어 놓는다. 미르포아도 색이 나도록 볶아준다

02 | 토마토 페이스트를 가볍게 볶아 넣어준다. 여기에 구워 놓은 갑각류 껍질을 넣고 향신료를 넣는다. 그리고 와인과 브랜디를 후람베하여 3/4이 될 때까지 졸여준다.

03 | 여기에 생선 육수를 넣고 토마토 꽁카세 등과 모든 재료를 넣고 약한 불로 약 20분 정도 졸여준다. 끓으면 거품을 걷어내고 졸인 뒤 거친 체에 걸러준다.

04 | 거른 소스에 생선 벨루테를 섞고 졸인 뒤 크림을 넣어 다시 졸여준다.

05 | 알맞은 농도가 나면 간을 하고 버터를 풀어준 뒤 고운 체에 걸러 63℃를 넘지 않는 중탕에 넣고 계속 사용하거나 식혀서 사용할 수 있다.

듀글레 소스 *Duglee Sauce*

재료

생선 스톡(fish stock) 500ml, 버터(butter) 170g
토마토 꽁카세(tomato concassees) 800g
백포도주(dry white wine) 200ml, 소금,(salt, pepper) 조금

만드는 법

01 | 소스 팬에 버터를 녹이고 토마토 꽁카세를 넣어 부드럽게 익으면 백포도주를 넣어 후람베한 뒤 졸인다.

02 | 여기에 생선 육수를 넣고 4/5로 졸인다.

03 | 알맞은 농도가 나면 간을 하고 버터를 풀어준 뒤 사용한다.

노르망디 소스 *Normand Sauce*

재료

생선 벨루테(fish veloute) 500ml, 굴 주스(oyster cooking juice) 100ml
양송이 주스(mushroom cooking juice) 100ml
홍합 주스(mussel cooking juice) 100ml
프레쉬 크림(fresh cream) 100ml, 계란 노른자(egg yolk) 2ea
버터(butter) 100g, 레몬 주스(lemon juice) 1ea
소금, 후추(salt, pepper) 조금

만드는 법

01 | 생선 벨루테에 버섯, 홍합, 굴의 주스를 넣어 은근하게 끓여 1/2로 졸인다.

02 | 다른 큰 그릇에 생크림, 계란 노른자, 레몬즙을 섞어서 ①의 벨루테를 넣어 고운 체에 걸러준다.

03 | 위의 소스는 바로 사용하는 것이다. 계란 노른자가 들어가면 다시 끓여서는 안 되며, 버터 몬테를 하여 바로 사용한다.

굴 소스 Oyster Sauce

재료

노르망디 소스(normand sauce) 500ml, 후레쉬 굴(fresh oyster) 30ml
소금, 후추(salt, pepper) 조금

만드는 법

01 | 노르망디 소스를 준비하여 놓는다.

02 | 신선한 중간 크기의 굴을 까서 나온 즙을 고운 체에 걸러 냄비에 담고 살짝 삶아 준비한다.

03 | 노르망디 소스에 익힌 굴과 주스를 넣고 간을 하여 완성한다.

노일리 소스 Noilly Sauce

재료

생선 스톡(fish stock) 1000ml, 뵈르 마니에(beurre manie) 20g
양송이(mushroom trimming) 80g, 프레쉬 크림(fresh cream) 600ml
노일리 와인(noily wine) 150ml, 다진 샬롯(chopped shallot) 50g
월계수 잎, 파슬리 줄기(bay leaf, parsley stalk) 5g
소금, 후추(salt, pepper) 조금

만드는 법

01 | 샬롯을 다져 놓는다. 양송이는 슬라이스하여 놓고, 파슬리 줄기는 듬성듬성 썰어 놓는다.

02 | 팬을 달구어 노일리 와인에 후람베한 다음 다진 샬롯, 월계수 잎, 파슬리 줄기, 버섯을 넣고 1/2로 졸인다.

03 | 여기에 생선 육수를 넣고 다시 1/2로 졸여 생크림을 넣고 졸인 후 고운 체에 걸러서 뵈르 마니에를 섞어 주고 농도가 나면 간을 하여 완성한다.

카디널 소스 Cardinal Sauce

재료

생선 스톡(fish stock) 100ml, 트뤼플 주스(truffle juice) 50ml
뵈르 마니에(beurre manie) 20g, 양송이(mushroom trimming) 80g
프레쉬 크림(fresh cream) 600ml, 노일리 와인(noily wine) 150ml
월계수 잎, 파슬리 줄기(bay leaf, parsley stalk) 5g
다진 샬롯(chopped shallot) 50g, 소금, 후추(salt, pepper) 조금

만드는 법

01 | 샬롯을 다져 놓는다. 양송이는 슬라이스하여 놓고, 파슬리 줄기는 듬성듬성 썰어 놓는다.

02 | 팬을 달구어 노일리 와인에 후람베한 다음 다진 샤롯, 월계수 잎, 파슬리 줄기, 버섯을 넣고 1/2로 졸인다.

03 | 여기에 생선 육수를 넣고 다시 1/2로 졸여 생크림을 넣고 졸인 후 고운 체에 걸러서 뵈르 마니에를 섞어 주고 농도가 나면 간을 하여 완성한다.

바닐라 바닷가재 소스 *Vanilla Lobster Sauce*

재료

바닷가재 버터(lobster butter) 5g
샤프란(saffron) 0.1g
휘핑크림(whipping cream) 50g
바닐라 깍지(vanilla pod) 1pc
백포도주 소스(white wine sauce) 80ml
소금, 후추(salt, pepper) 조금

만드는 법

01 | 와인에 샤프란과 바닐라 깍지를 넣어 반으로 졸여준다.

02 | 크림의 절반은 휘핑하여 놓는다. 졸여 놓은 소스에 랍스터 버터로 몬테한다.

03 | 여기에 소스를 서빙할 때 크림으로 마무리하여 내준다.

바닷가재 버터 *Lobster Butter*

재료

가재 또는 새우 껍질(lobster and prawn shell) 8.2kg, 버터(butter) 15kg
당근(carrot) 1kg, 대파(leek) 1kg, 셀러리(celery) 1kg, 양파(onion) 1kg
토마토페이스트(tomato paste) 2kg, 파슬리(parsley) 1kg
월계수 잎(bay leaf) 1g, 검은 후추(black ground pepper) 조금

만드는 법

01 | 팬에 버터를 바르고 바닷가재 또는 새우 껍질을 오븐에 구워 놓는다. 채소도 같이 색을 내어 놓는다.

02 | 토마토 페이스트를 가볍게 볶아 넣어준다. 여기에 구워 놓은 갑각류 껍질을 넣고 버터를 넣어 같이 은근하게 오래 끓여 10lt가 될 때까지 졸여준다.

03 | 걸러서 식혀 굳힌 다음 잘라서 쓰기 좋게 보관하면서 시용한다.

허브 마늘 크러스트 Herb Garlic Crust

재료

흰 빵가루(white bread crumbs) 10g, 개암(hazelnut) 5g
파슬리(parsley) 5g, 마늘(garlic) 3g, 처빌(chervil) 3pc
로즈마리(rosemary) 3pc, 버터(butter) 20g, 계란 노른자(egg yolk) 1pc
레몬 주스(lemon juice) 5ml, 소금(salt) 조금

만드는 법

01 | 허브를 깨끗이 닦아 물기를 제거한 후 다져 놓는다.

02 | 헤이즐넛을 다져 놓는다. 버터를 녹여 휘핑 크림을 쳐 놓는다.

03 | 버터를 녹여 빵가루와 허브 등을 넣고 계란 노른자를 함께 섞어준다.

제7절 | 토마토 소스류(Tomatoes Sauce)

토마토가 주재료로 이탈리아 요리에 많이 이용되는 소스로 광범위하게 다양한 음식에 고루 사용된다. 토마토 소스를 잘 만들기 위해서는 마늘을 얇게 썰어 올리브 오일을 넣고 마늘 오일을 만들어 놓는다. 그리고 양파와 마늘을 잘 볶아야 맛이 난다. 토마토는 끓는 물에 열십자로 칼집을 넣어 포칭하여 껍질을 벗기고 심을 제거하여 사용하고 경우에 따라서는 캔 제품을 사용한다.

토마토 소스 1 *Tomato Sauce 1*

재료

올리브 오일(olive oil) 10ml, 양파 다진 것(onion chop) 50g
토마토 퓨레(carrot puree) 100g, 마늘 다진 것(garlic chop) 10g
프레쉬 이탈리안 토마토(fresh italian tomato) 200g
토마토 홀(tomato concasser) 100g, 바질 슬라이스(basil slice) 10g
소금, 후추(salt, pepper) 조금

만드는 법

01 | 토마토는 포칭하여 껍질을 벗겨 듬성듬성 썰어 놓는다.

02 | 팬에 오일을 두르고 양파를 볶다가 마늘을 넣어 은근하게 오래 볶아 준다.

03 | 여기에 토마토와 퓨레, 홀을 넣어 은근히 약 30분 정도 끓여준다.

04 | 바질을 넣고 향이 충분히 우러날 때까지 약 2~3분 정도 더 천천히 끓여준다.

05 | 소스의 사용처에 따라서 또는 농도에 따라서 더 졸여 사용할 수도 있고 거칠게 갈아 사용할 수도 있다.

토마토 소스 2 *Tomato Sauce 2*

재료

올리브 오일(olive oil) 10ml, 양파 다진 것(onion chop) 200g
프레쉬 이탈리안 토마토(fresh italian tomato) 765g
토마토 페스트(tomato paste) 5g, 마늘 다진 것(garlic chop) 3g
바질(basil) 1g, 설탕(sugar) 2g, 식초(vinegar) 2ml
월계수 잎(bay leaf) 1ea, 파슬리 줄기(parsley stalks) 1ea
소금, 후추(salt, pepper) 조금

만드는 법

01 | 토마토는 포칭하여 껍질을 벗겨 듬성듬성 썰어 놓는다.

02 | 팬에 오일을 두르고 양파의 일부는 곱게 다지고 일부는 사방 1cm 정도로 썰어 놓는다. 파슬리 줄기는 곱게 다져 놓는다. 팬에 오일을 두르고 양파와 마늘, 파슬리를 넣어 은근하게 오래 볶아준다. 여기에 토마토 페스트를 볶아준다.

03 | 토마토와 퓨레, 홀을 넣어 은근히 약 30분 정도 끓여준다. 이때 설탕과 식초를 넣어준다.

04 | 바질과 월계수 잎을 넣고 바질의 향이 충분히 우러날 때까지 약 2~3분 정도 더 천천히 끓여준다.

05 | 소스의 사용처에 따라서 또는 농도에 따라서 더 졸여 사용할 수도 있고 거칠게 갈아 사용할 수도 있다.

토마토 케이퍼 소스 *Tomato Caper Sauce*

재료

마늘 다진 것(garlic chop) 10g
샬롯 다진 것(shallot chop) 20g
치킨 스톡(chicken stock) 30ml
백포도주 식초(white wine vinegar) 30ml
케이퍼 주스(caper juice) 20ml
황설탕(brown sugar) 10g
피클링 스파이스(묶어서) (pickling spice tied a cheese cloth) 15g
붉은 양파(red onion finely diced) 100g
케이퍼(caper drained) 20g
토마토 꽁카세(tomato concasser) 100g
소금, 후추(salt, pepper) 조금

만드는 법

01 | 마늘과 샬롯, 붉은 양파를 다져 놓고, 피클링 스파이스는 천으로 묶어 놓는다.

02 | 팬에 양파 다진 것을 살짝 볶다가 치킨 스톡, 식초, 케이퍼 주스, 황설탕, 피클링 스파이스 등을 넣어 졸여준다.

03 | 그런 다음 걸러 놓는다. 다시 졸이면서 케이퍼, 토마토 꽁카세를 넣는다. 소금과 후추로 양념하여 마무리한다.

칠리 토마토 소스 Chili Tomato Sauce

재료

샐러드 오일(salad oil) 50g
양파 다진 것(onion chop) 200g
당근 다진 것(carrot chop) 200g
셀러리 다진 것(celery chop) 100g
토마토 꽁카세(tomato concasser) 250g
마늘 다진 것(garlic chop) 10g
샤프란(saffron) 1pinch
프레쉬 바질 다진 것(basil chop) 10g
고추장(chili paste) 4g
레몬 껍질(grated rind of lemon) 20g
파슬리 다진 것(parsley chop) 20g
백포도주(white wine) 60ml
소금, 후추(salt, pepper) 조금

만드는 법

01 | 마늘과 당근, 셀러리, 양파를 다져 놓고, 부케 가니를 만들어 놓는다.

02 | 팬에 마늘, 양파 다진 것을 볶다가 당근, 셀러리 다진 것을 넣고 볶는다.

03 | 여기에 샤프란, 토마토, 고추장, 부케 가니를 넣고 끓여준다.

칵테일 소스 Cocktail Sauce

재료

토마토 케첩(tomato ketchup) 1kg, 타바스코(tabasco) 20ml
홀스래디시(horseradish) 300g, 양파 다진 것(onion chop) 70g
백포도주(white wine) 60ml, 소금, 후추(salt, pepper) 조금

만드는 법

01 | 볼에 케첩과 홀스래디시를 섞는다.

02 | 타바스코, 와인, 양파 다진 것, 소금, 후추를 넣어 맛을 내준다.

보드카 토마토 버터 소스 *Vodka-Tomato Butter Sauce*

재료

양파 다진 것(onion chop) 28g, 라임 주스(ime juice) 60ml
백포도주(white wine) 60ml, 버터(butter) 60g, 오향(star anise) 3g
로즈마리(rosemary) 2g, 토마토 꽁카세(tomato concasser) 120g
소금, 후추(salt, pepper) 조금

만드는 법

01 | 팬에 양파 다진 것을 살짝 볶다가 라임 껍질 다진 것과 주스, 와인을 넣어 졸여준다.

02 | 로즈마리와 토마토 다이스를 넣어 끓여준다.

03 | 불에서 내려 버터를 넣어 저어준다. 소금과 후추로 양념하여 마무리 한다.

토마토 마보람 소스 *Light Tomato and Mavoram Sauce*

재료

양파 다진 것(onion chop) 120g, 샬롯 다진 것(ime juice) 6g
백포도주(white wine) 60ml, 버터(butter) 30g
프레쉬 바질(fresh basil) 15g, 토마토 다진 것(tomato concasser) 1.3kg
소금, 후추(salt, pepper) 조금

만드는 법

01 | 팬에 버터를 녹여 다진 양파, 샬롯을 넣고 색이 날 때까지 볶아준다. 여기에 백포도주를 넣어 졸여준다.

02 | 껍질과 씨를 제거하여 다져 놓은 토마토를 넣고 약 40분 정도 끓여 준다.

03 | 바질을 다져 놓는다. 소스에 소금과 후추로 양념하여 마무리한다. 소스가 서브되기 전 바로 다진 바질을 넣어준다.

스위트 토마토 소스 *Sweet Tomato Sauce*

재료

잘게 썬 피망(piemento) 80g
토마토 홀(tomato whole) 100g
발사믹 식초(balsamic) 20ml
레드와인 식초(red wine vinegar) 20ml
올리브 오일(olive oil) 20ml
설탕(sugar) 70g, 소금(salt) 3g
케이퍼(caper) 10g

만드는 법

01 | 소스 팬에 올리브 오일을 넣고 홍피망을 볶는다.

02 | 케이퍼를 제외한 나머지 재료들을 모두 넣고 중간 불에서 잘 저어가며 30분간 끓인다. 토마토 홀은 나무주걱으로 살살 으깨며 젓는다.

03 | 케이퍼를 넣고 약 5분간 더 끓인다.

04 | 차게 식힌 후 냉장고에 보관한다.

프레쉬 토마토 소스 *Fresh Tomato Sauce*

재료

올리브 오일(olive oil) 59ml, 양파 다진 것(onion chop) 165g
마늘 다진 것(garlic chop) 15g, 토마토(tomato) 1.3kg
다진 프레쉬 바질(fresh dill chop) 60g, 소금, 후추(salt, pepper) 조금

만드는 법

01 | 토마토를 포칭하여 껍질을 벗겨 놓는다. 팬에 양파, 마늘 다진 것, 토마토를 넣고 10분 정도 끓여준다.

02 | 다진 바질을 넣고 소금과 후추로 양념하여 마무리한다.

칠리 딥 소스 *Chilli Dip Sauce*

재 료

홍 피망(red piemento) 1개, 고춧가루(chili powder) 20g
다진 아몬드(또는 잣이나 호두) (almond) 100g
와인 식초(red wine vinegar) 20ml, 소금(salt) 3g

만 드 는 법

01 | 홍피망을 반으로 갈라 씨를 빼고 200℃ 오븐에서 약 20분간 굽는다.

02 | 피망 껍질이 약간 탄 듯 갈색으로 변하면 꺼내어 껍질을 벗긴다. 뜨거울 때 비닐 주머니에 잠깐 넣어 두었다가 벗기면 훨씬 수월하다.

03 | 껍질 벗긴 피망과 올리브 오일, 고춧가루, 식초, 아몬드, 소금을 블랜더에 넣고 간다.

04 | 걸쭉한 칠리 딥이 완성되면 냉장고에 넣어둔다(일주일 정도 보관 가능).

바비큐 소스 *BBQ Sauce*

재료

흰 설탕(white sugar) 100g, 황설탕(brown sugar) 250g
양파 다진 것(onion chop) 500g, 당근 다진 것(carrot chop) 600g
오렌지 주스(orange juice) 1lt, 타마린드 페스트(tamarind paste) 1pack
발사믹 식초(balsamic vinegar) 50ml, 오렌지 제스트(orange zest) 3g
우스터 소스(worcester shine sauce) 80ml, 벨 페퍼(bell pepper) 300g
사과 다진 것(apple dice) 400g, 토마토 케첩(tomato ketchup) 1kg
토마토 홀(tomato whole) 1can, 마늘(garlic) 200g
소금, 후추(salt, pepper) 2g

만드는 법

01 | 큰 소스 냄비에 설탕이 갈색이 날 때까지 녹인다. 설탕을 충분히 녹인 후 채소를 숨을 죽인다.

02 | 채소의 숨이 충분히 가라앉으면 나머지 재료를 넣고 모든 재료가 부드러워질 때까지 끓여준다.

03 | 충분히 끓인 후 믹서기에 갈아 사용해도 되고, 그대로 사용해도 된다.

토마토 양파 소스 *Tomato & Onion Sauce*

재료

흰 설탕(white sugar) 10g, 양파(onion) 1개, 로즈마리(rosemary) 2줄기
올리브유(olive oil) 60ml, 적포도주 식초(red wine vinegar) 50ml
발사믹 식초(balsamic vinegar) 50ml, 붉은 고추(red chili) 80ml
토마토 홀(tomato whole) 1/2can, 마늘(garlic) 2쪽, 올리브(olive) 3개
소금, 후추(salt, pepper) 2g

만드는 법

01 | 양파는 반으로 갈라 채 썰듯이 얇게 썬다. 마늘은 편으로 얇게 썰고 올리브는 반으로 자른다.

02 | 붉은 고추는 사선으로 얇게 편으로 썰어 물에 헹궈 씨를 뺀다.

03 | 큰 소스 냄비에 올리브유를 두르고 양파와 마늘, 고추, 로즈마리, 올리브를 넣어 숨이 죽을 때까지 볶는다.

04 | 여기에 나머지 재료를 모두 넣고 졸여준다.

제8절 | 갈색 육수 소스류(Brown Sauces)

처음 양식당에 입사하였을 때는 브라운 소스를 "도비 소스"라고 하였고, 그 후 다른 회사에 입사하자 "데미그라스"라 하였다. 이것은 외국에서 우리에게 소개되면서 한 부류는 미국의 영향을 한 부류 일본의 영향을 받아서 그 밑에서 근무하던 분들에 따라 달리 불리었다. 이제는 소스의 명이 주재료에 따라서 거의 통일성 있게 불리고 있다. 퐁 드 보(fond, de veau), 퐁과 주스(fond et jus)는 엄밀하게 말하면 육수(fond)는 육류 고기나 육류 뼈를 삶아낸 국물을 말하며, 브이용은 뼈가 안 들어간 국물이라고 보면 된다. 그래서 호텔에서 고기를 굽고 난 육즙을 소스에 넣어 사용한다. 그렇게 하면 맛도 있고 색도 좋아진다.

브라운 치킨 소스 *Brown Chicken Sauces*

재료

닭뼈(chicken bone) 1000g, 물 또는 치킨 스톡(water) 1.6lt
당근(carrot) 50g, 셀러리(celery) 30g, 양파(onion) 100g, 마늘(garlic) 10g
토마토(tomato) 200g, 토마토 페스트(tomato paste) 20g
타임(thyme) 2g, 로즈마리(rosemary) 2g, 월계수 잎(bay leaf) 5잎
통후추(whole pepper) 5g, 오일 또는 버터(oil or butter) 10g

만드는 법

01 | 조각낸 뼈를 찬물에 담가 핏물을 제거하여 놓는다. 오븐을 예열하여 뼈가 브라운 색이 나도록 구워 놓는다.

02 | 미르포아와 대파를 갈색이 나도록 볶아 놓고, 토마토 페이스트도 볶아 놓는다.

03 | 소스 통에 뼈와 볶은 채소를 넣고 스파이를 넣는다. 찬물 또는 스톡을 넣고 끓이면서 종종 거품을 제거한다.

04 | 약 2시간 정도 졸여 걸러서 사용한다.

브라운 비프 소스 *Brown Beef Sauces*

재료

소뼈 또는 잡뼈(beef bone) 3600g
물 또는 브라운 스톡(water) 6lt
당근(carrot) 100g, 셀러리(celery) 100g
양파(onion) 300g, 대파(leek) 100g
토마토 페스트(tomato paste) 150g
백포도주(white wine) 20ml
적포도주(red wine) 20ml
월계수 잎(bay leaf) 10잎
타임(thyme) 5g
로즈마리(rosemary) 5g
통후추(whole pepper) 5g
오일 또는 버터(oil or butter) 20g

만드는 법

01 | 뼈를 찬물에 담가 핏물을 제거하여 놓는다. 오븐을 예열하여 뼈가 브라운 색이 나도록 구워 놓는다.

02 | 미르포아와 대파를 갈색이 나도록 볶아 놓고, 토마토 페이스트도 볶아 놓는다.

03 | 소스 통에 모든 재료를 넣고 찬물 또는 스톡을 첨가해 끓인다. 와인을 졸여서 넣는다.

04 | 약 5시간 정도 졸여 걸러서 사용한다.

브라운 양고기 소스 *Brown Lamb Sauces*

재료

양고기 뼈와 잡살(lamb bones and trimming) 1500g, 당근(carrot) 50g
물 또는 치킨 스톡(water) 2.5lt, 셀러리(celery) 30g, 양파(onion) 100g
백포도주(dry white wine) 250ml, 토마토(tomato) 350g, 타임(thyme) 5g
로즈마리(rosemary) 5g, 월계수 잎(bay leaf) 5잎, 마늘(garlic) 15g
으깬 통후추(whole pepper) 10g, 오일 또는 버터(oil or butter) 10g

만드는 법

01 | 양고기 뼈는 핏기를 제거하여 로스팅 팬에 담아 220℃로 예열된 오븐에 넣어 색을 낸다.

02 | 미르포아와 갈색이 나도록 볶아 놓고, 토마토는 잘 익은 것으로 다져 넣는다.

03 | 소스 통에 뼈와 볶은 채소를 넣고 스파이를 넣는다. 와인은 졸여 넣는다. 찬물 또는 스톡을 넣고 끓이면서 종종 거품을 제거한다.

04 | 약 2시간 정도 졸여 고운 천에 걸러서 사용한다.

브라운 오리고기 소스 *Brown Duck Sauces*

재료

오리 뼈와 기타(duck bones and trimming) 1000g, 양파(onion) 100g
물 또는 스톡(water or stock) 1.5lt, 당근(carrot) 50g, 타임(thyme) 3g
백포도주(dry white wine) 100ml, 세이지(sage) 3g
로즈마리(rosemary) 3g, 주니퍼베리(juniper berry) 4ea
코리안더 씨드(coriander seed) 4ea, 오일 또는 버터(oil or butter) 10g

만드는 법

01 | 오리 뼈와 살, 날개 등의 핏기를 제거하여 로스팅 팬에 담아 200℃로 예열된 오븐에 넣어 색을 낸다.

02 | 미르포아와 갈색이 나도록 볶아 놓는다. 코리안더와 주니퍼베리를 으깨어 넣는다.

03 | 소스 통에 뼈와 볶은 채소를 넣고 스파이를 넣는다. 와인은 졸여 넣는다. 찬물 또는 스톡을 넣고 끓이면서 종종 거품을 제거한다.

04 | 약 2시간 정도 졸여 고운 천에 걸러서 사용한다.

검은 후추 소스 *Black Pepper Sauce*

재료

버터(butter) 5g
데미 소스(demi) 15g
갈은 후추(pepper crushed) 5g

만드는 법

01 | 뜨겁게 한 작은 팬에 버터와 후추를 넣고 후추의 맛이 충분히 우러날 때까지 볶아준다.

02 | 볶은 후에 데미를 넣고 농도를 맞춘다.

포시니 소스 *Porcini Sauce*

재료

데미 소스(demi) 15g, 버터(butter) 2g, 페퍼(pepper) 1g
포시니 버섯(porcini mushroom) 4g

만드는 법

01 | 후추는 거칠게 간 것을 사용해야 한다.

02 | 후추의 매운맛이 강하게 나도록 충분히 볶아주어야 한다.

03 | 포시니 버섯을 볶아 넣은 뒤 졸여준다.

데미글라스 소스 *Demi-Glace Sauce*

재료

오일 또는 버터(oil or butter) 25g
브라운 소스(brown sauce) 2lt
밀가루(flour) 20g
당근(carrot) 50g
셀러리(celery) 15g
마늘(garlic) 1ea
양파(onion) 100g
토마토 페스트(tomato paste) 30g
토마토 퓨레(tomato puree) 100ml
프레쉬 토마토(fresh tomato) 100g
브렌치 베이컨(blanch bacon) 15g
백포도주(white wine) 10ml
월계수 잎(bay leaf) 10잎
타임(thyme) 2g
로즈마리(rosemary) 2g
후추, 소금(pepper, salt) 4g

만드는 법

01 | 미르포아와 베이컨은 1cm 정도로 썰고 토마토도 썰어 놓는다.

02 | 팬에 오일을 두르고 베이컨, 양파, 마늘, 셀러리 순으로 넣어 볶고 화이트와인으로 졸여준다.

03 | 소스 통에 모든 재료를 넣고 브라운 소스를 넣고 모든 향신료를 넣어 절반으로 줄어들 때까지 졸인다.

04 | 고운 체로 걸러서 사용한다.

페퍼로나타 소스 *Pepperonata Sauce*

재료

황설탕(brown sugar) 1.2kg, 양파(onion) 4kg, 피망(bell peppers) 8kg
꿀(honey) 70ml, 토마토 케첩(tomato ketchup) 3.5kg
적포도주 식초(red wine vinegar) 1lt, 월계수 잎(bay leaf) 5ea
검은 후추(black pepper) to taste, 소금(salt) to taste

만드는 법

01 | 설탕을 녹인 후에 채소를 넣고 채소의 숨을 죽인다.

02 | 어느 정도 숨이 가라앉으면 케첩과 식초, 나머지 재료를 넣고 충분히 끓인다.

03 | Pot 밑바닥이 타지 않게 때때로 저어준다.

04 | 피망이 부드러워지면 핸드믹서기로 갈아준다. 식힌 후 냉장고에서 일주일간 보관이 가능하다.

칼라마타 올리브 마늘 소스 *Kalamata Olive Garlic Sauce*

재료

버터(butter) 5g, 데미 소스(demi-glace) 80g, 구운 마늘(roasted garlic) 5g
칼라마타 올리브 오일(kalamata olive oil) 3g, 레몬 주스(lemon Juice) 2g
후추 으깬 것(pepper crust) 1g, 소금(salt) 5g

만드는 법

01 | 작은 소스 팬에 후추의 매운맛이 나도록 충분히 볶아준다.

02 | 볶은 후 나머지 재료를 넣고 소스 질감이 나도록 끓여준다.

03 | 레몬 주스를 너무 많이 넣지 않는다.

봉골레 소스 *Vongole Sauce*

재료

비프 스톡(beef stock) 70ml
올리브 오일(olive oil) 20ml
양파 다진 것(onion chop) 40g
셀러리 다진 것(celery chop) 20g
마늘 다진 것(garlic chop) 10g
소고기 민스(beef mince) 70g
백포도주(dry white wine) 10ml
토마토 홀(tomato whole) 400g
월계수 잎(bay leaf) 2pc
소금(salt) 10g
오레가노(oregano) 약간
너트맥(nutmeg) 약간
프레쉬 페퍼(fresh pepper) 약간

만드는 법

01 | 식재를 계량하여 그 중 양파와 마늘, 당근을 다져 놓는다.

02 | 팬을 달구어 오일을 두르고 마늘과 양파를 볶은 다음 셀러리를 볶아 준다. 팬에 오일을 두르고 고기를 볶아 놓는다. 토마토 페스트를 볶아준다.

03 | 깊은 소스 팬에 모든 재료를 넣고 토마토 홀을 넣고 양념하여 끓인다.

브라운 양송이 소스 *Brown Mushroom Sauce*

재료

브라운 치킨 스톡(brown chicken stock) 30ml
버터(butter) 25g, 소금(salt) 2g
샬롯 다진 것(shallot chop) 30g
양송이 다진 것(mushroom chop) 150g
토마토 꽁카세(tomato concasser) 10g
우스터 소스(worcestershire sauce) 10ml
백포도주(dry white wine) 125ml
타라곤 프레쉬(tarragon fresh) 10g
프레쉬 페퍼(fresh pepper) 3g

만드는 법

01 | 식재를 계량하여 그 중 샬롯과 마늘, 후레쉬 타라곤은 각각 다져 놓는다.

02 | 양송이도 다져 놓는다. 팬을 달구어 버터를 녹인 다음 샬롯을 은근하게 오래 볶는다.

03 | 여기에 양송이를 넣어 같이 볶는다. 와인을 넣어 졸여준다.

04 | 그런 다음 소스와 토마토 퓨레, 우스터 소스 등을 넣어 졸여준다. 양념과 타라곤 다진 것을 넣어 맛을 내어준다.

마살라 소스 *Marsala Sauce*

재료

마살라와인(marsala wine) 15g, 적포도주(red wine) 1btl, 설탕(sugar) 4g

만드는 법

01 | 마살라와인과 레드와인 그리고 설탕을 섞은 후 중간 냄비에 부어 잘 졸여준다.

02 | 점도는 끈끈한 꿀과 같은 점도로 끓여준다.

적포도주 양파 소스 *Red Wine and Onion Sauce*

재료

버터(butter) 15g, 붉은 양파 슬라이스(red onion slice) 80g
마늘 다진 것(garlic chopped) 20g, 적포도주(dry red wine) 100ml
송아지 스톡(veal stock) 100ml, 로즈마리(fresh rosemary) 20g
소금, 후추(salt, ground pepper) 조금

만드는 법

01 | 팬에 버터를 녹여 양파와 마늘을 색깔이 날 정도로 볶아준다.

02 | 여기에 와인을 넣어 알코올이 증발할 때까지 완전히 졸여준다.

03 | 믹서기에 곱게 갈아서 송아지 스톡(또는 데미글라스 소스)을 넣은 다음 같이 갈아준다. 음식이 나갈 때 졸인 생크림을 조금 넣어 내주기도 한다.

트뤼플 소스 *Truffle Sauce*

재료

브라운 스톡(brown stock) 240ml, 트뤼플 주스(truffle juice) 20g
휘핑 크림(whipped cream) 30g, 세리와인(dry sherry) 60ml
소금, 후추(salt, pepper) 조금

만드는 법

01 | 브라운 스톡(또는 데미그라스 소스)을 졸여 놓는다.

02 | 팬을 달구어 세리와인을 졸인 다음 소스와 트뤼플 주스를 넣어 졸인다.

거위 간 트뤼플 소스 Goose liver & Truffle Sauce

재료

송아지 스톡(veal stock) 200ml, 트뤼플(truffle) 10g
트뤼플 주스(truffle juice) 100ml, 포트와인(port wine) 100ml
코냑(cognac) 100ml, 소금, 후추(salt, pepper) 조금

만드는 법

01 | 코냑과 포트와인을 소스 팬에 졸인다.

02 | 여기에 트뤼플 주스와 송아지 소스를 넣어 더 졸여준다.

03 | 고운 천에 거른 다음 트뤼플 다진 것과 거위 간을 다이스로 썬 것을 넣어 소스로 내준다.

모렐 소스 Morel Sauce

재료

모렐스톡(Morel Stock) 200ml, 모렐(morel) 10g
모렐 주스(morel juice) 50ml, 트뤼플 주스(truffle juice) 50ml
프레쉬 크림(fresh cream) 100ml, 양파 다진 것(onion chop) 40g
코냑(cognac) 50ml, 소금, 후추(salt, pepper) 조금

만드는 법

01 | 드라이 모렐을 하루 정도 물에 담가 놓는다.

02 | 모렐을 건져 주스는 따로 트뤼플 주스와 같이 졸인다.

03 | 팬을 달구어 다진 양파를 볶다가 모렐을 넣고 같이 볶으면서 코냑으로 후람베한다.

04 | 여기에 송아지 스톡을 넣고 더 졸여준다. 생크림과 소금, 후추로 양념한다.

나바랭 소스 Navarin Sauce

재료

양고기 소스(lamb brown sauce) 1lt
토마토 꽁카세(tomato concasser) 200g
바질 다진 것(basil chop) 30g
마늘(garlic) 10g
소금, 후추(salt, pepper) 조금

만드는 법

01 | 소스를 걸러서 준비하여 놓는다.

02 | 토마토를 포칭하여 껍질을 벗겨 놓는다.

03 | 프레쉬 바질을 씻어 다져 놓는다. 마늘도 다져 놓는다.

04 | 팬에 오일을 약간 두르고 마늘을 볶다가 소스를 넣어 약간 졸인 뒤 나머지 재료를 넣고 소금, 후추로 양념하여 사용한다.

마늘 & 타임 크림 소스 Garlic & Thyme Cream Sauce

재료

흰 양고기 스톡(white lamb Stock) 100ml, 마늘(young garlic) 50g
프레쉬 타임(fresh thyme) 3g, 프레쉬 크림(fresh cream) 100ml
소금, 후추(salt, pepper) 조금

만드는 법

01 | 마늘과 타임을 오일에 볶는다. 여기에 양고기 스톡을 넣는다.

02 | 마늘이 부드러워질 때까지 끓인다.

03 | 여기에 프레쉬 크림을 넣어 졸인 다음 믹서기에 갈아준다.

04 | 걸러서 기본 양념을 하여 사용한다.

양고기 브라운 소스 *Lamb Brown Sauce*

재료

양뼈 또는 트리밍(lamb bone) 6kg, 버터(butter) 300g, 당근(carrot) 500g
토마토 페스트(tomato paste) 300g, 셀러리(celery) 500g
양파(onion) 500g, 대파(leek) 500g, 밀가루(flour) 450g
스톡 또는 물(stock) 14lt, 적포도주(red wine) 1lt
로즈마리 드라이(rosemary dry) 3g, 월계수 잎(bay leafs) 1g
통후추(whole pepper) 20g, 소금, 후추(salt, pepper) 조금

만드는 법

01 | 뼈를 찬물에 담가 핏물을 제거하여 놓는다. 오븐을 예열하여 뼈가 브라운 색이 나도록 구워 놓는다.

02 | 대파와 미르포아를 갈색이 나도록 볶아 놓고, 토마토 페이스트도 볶아 놓는다.

03 | 소스 통에 모든 재료와 찬물 또는 스톡을 넣고 끓이면서 와인을 졸여 넣는다.

04 | 약 5시간 정도 졸여 걸러서 사용한다.

제9절 | 채소 소스(Vegetables Sauces)

각종 채소를 이용하여 맛과 색을 낼 수 있는 소스로 모든 소스의 기본이 되기도 한다.

붉은 피망 소스 *Red Capsicum Sauce*

재료

붉은 피망(red capsicum), 올리브 오일(olive oil) 50ml, 마늘(garlic) 5g
양파(onion) 100g, 토마토(tomato) 1.5kg, 백포도주(white wine) 150ml
멸치젓(anchovy fillet) 30g, 케이퍼(caper) 5g, 바질 다진 것(chop basil) 5g
프레쉬 로즈마리(fresh rosemary) 2g, 휘핑 크림(whipping cream) 60g
프레쉬 그라운드 페퍼(ground pepper) 조금

만드는 법

01 | 피망을 다져 놓는다. 아니면 캔에 들어 있는 피망을 사용해도 좋다.

02 | 양파와 토마토는 껍질을 벗겨 슬라이스해 놓는다. 마늘은 다져 놓는다.

03 | 팬을 달구어 낮은 불에서 마늘을 볶다가 피망, 토마토, 앤초비 필렛 다진 것과 케이퍼 다진 것을 넣는다.

04 | 15분 정도 더 끓여준 다음 휘핑 크림으로 몬테하여 준다.

채소 소스 *Vegetables Sauces*

재료

물(water) 1.8lt, 물엿(starch syrup) 500ml, 몽고간장(soy sauce) 1.8lt
붉은 청양고추(red chili) 100g, 생강(ginger) 200g, 통마늘(garlic) 200g
양파(대) (onion) 4개, 후지사과(대) (apple) 3개

만드는 법

01 | 국물이 2/3(1.8lt)가 되도록 졸인 후 식혀서 설탕을 취향에 맞도록 섞어 넣고 냉장고에 보관하여 채소를 뿌려서 먹는다.

02 | 모든 재료를 최대한 얇게 썬다. 붉은 청양 건 고추는 거의 다 졸인 후에 넣는다.

살사 버디 *Salsa Verde*

재료

파슬리(parsley) 100g, 앤초비(anchovy) 15g, 마늘(garlic) 15g
케이퍼(Olive Oil) 10g, 흰 빵(white bread) 50g, 타바스코(tabasco) 5ml
토마토 케첩(tomato ketchup) 20g, 올리브 오일(olive oil) 150g

만드는 법

01 | 오일을 제외한 모든 재료를 믹서기에 넣고 간다. 믹서기로 가는 중간에 기름을 약간씩 붓는다.

02 | 마요네즈 상태가 되지 않도록 주의한다.

양송이 퓨레 *Mushroom Puree*

재료

버터(butter) 50g, 양송이 슬라이스(Mushroom slice) 250g
졸인 생크림(double cream) 300g, 샬롯 다진 것(shallot chopped) 50g
백포도주(dry white wine). 60ml, 백 베르무트(dry white vermouth) 60ml
레몬 주스(lemon juice) 10ml, 소금(salt) 조금, 후추 갈은 것(pepper) 조금

만드는 법

01 | 양송이를 물기 없이 깨끗이 닦아 다져 놓는다. 샤롯도 다져 놓고 생크림도 졸여 놓는다.

02 | 버터를 녹여 샬롯을 볶다가 양송이 다진 것을 물기 없이 볶는다.

03 | 여기에 와인과 베르무트를 넣어 후람베한 다음 졸인 생크림을 넣고 더 졸여 사용한다.

앙달루즈 소스 *Andalouse Sauce*

재 료

마요네즈(Mayonnaise) 500ml, 붉은 파프리카(red paprika) 50g
토마토 퓨레(tomato puree) 40g, 소금, 후추(salt, pepper) 조금

만 드 는 법

01 | 파프리카를 작은 사각으로 썰어 타지 않게 볶아 식힌다.

02 | 믹싱 볼에 마요네즈와 모든 재료를 넣고 너무 되직하면 피클 주스로 농도를 맞추면 좋다.

03 | 맛을 보고 레몬 주스, 소금, 후추를 넣어 마무리한다.

Memo

한식 소스

제3장

한식 소스

황금알을 낳는 소스 황금알을 낳는 소스 황금알을 낳는 소스 황금알을 낳는 소스

03

제3장

한식 소스

1. 한국 음식의 기본양념

소스를 만들려면 양념을 잘 선택하여 사용하여야 하는데, 양념이란 맛을 돕기 위해 넣는 물질을 통틀어 말한다. 나라마다 산출되는 고유의 양념과 사용 방법으로 구분하면 한식, 일식, 양식 등으로 분류할 수 있다. 동 · 서양 모두 다양한 소스를 가지고 있는데 동양은 발효 식재를 이용한 소스류가 많아 건강에 특히 좋은 소스가 많다. 기본 양념으로는 파, 마늘, 생강, 참기름, 깨소금, 간장, 고추장, 설탕, 식초, 소금 등이며 특히 장류는 다양하게 개발되고 있는데 다음과 같다.

1) 고추장의 종류

(1) 보리고추장

충청도 지방에서 주로 담는다. 보리쌀을 가루 내 쪄서 방에서 띄운 것에 고춧가루, 메줏가루를 섞어 소금으로 간하여 담그며, 엿기름을 사용하지 않는 것이 특징이고 여름철 쌈장으로 많이 이용한다.

(2) 수수고추장

소금물과 수수가루로 죽을 쑤고 여기에 메줏가루, 엿기름가루, 고춧가루를 섞은 후 소금으로 간을 하여 담근다.

(3) 팥고추장

멥쌀로 흰무리를 찌고, 콩과 팥은 푹 삶아 절구에 찧어 반대기를 만들어 고추장을 담근다.

(4) 무거리고추장

메줏가루를 만들고 남은 무거리와 보릿가루, 엿기름가루, 고춧가루를 섞어 담는데 찌개 고추장으로 주로 쓰이며, 맛이 새큼하고 달다.

(5) 약고추장

진주, 전주에서 주로 담그며 '엿꼬장'이라 하기도 한다. 고추장에 물엿과 황설탕, 끓인 엿물을 더 집어넣어 윤기나게 만드는 방법으로 육회를 찍어 먹거나 비빔밥에 넣어 먹는다.

(6) 고구마고추장

경상도의 화전민이 사는 마천이란 곳에서 고구마를 원료로 고추장을 담갔다.

2) 된장의 종류

(1) 막된장

간장을 빼고 난 부산물이 바로 막된장이다.

(2) 토장

막된장과 메주, 염수를 혼합 숙성하거나 메주만으로 담은 된장으로 상온에서 장기 숙성시킨 장을 말한다.

(3) 막장

막장은 날메주를 빻아 소금물에 짓이겨 익히거나 콩메주 가루를 약간 띄운 보리밥에 섞어 소금물을 넣어 익힌 장이며, 토장과 마찬가지로 담되, 수분을 좀 많이 하고 햇볕이나 따뜻한 곳에서 숙성을 촉진시킨다. 일종의 속성된장이라고 할 수 있으며, 보리, 밀을 띄워 담근다. 콩보다 단맛이 많으며, 남부지방에서 주로 만들어 먹는다.

(4) 담북장

청국장 가공품으로 볼 수도 있다. 볶은 콩으로 메주를 쑤어 고춧가루, 마늘, 소금 등을 넣어 익힌다. 청국장에 양념을 넣고 숙성시키는 방법은 메주를 쑤어 5~6cm 지름으로 빚어 5~6일 띄워 말려 소금물을 부어 따뜻한 장소에서 7~10일 삭힌다. 단기간에 만들어 먹을 수 있고 된장보다 맛이 담백하다.

(5) 즙장

막장과 비슷하게 담되 수분이 많고 밀과 콩으로 쑨 메주를 띄워 무나 고추, 배춧잎 등의 초가을 채소를 넣고 숙성시킨 것이다. 신맛도 약간 있다. 경상도, 충청도 지방에서 많이 담그는 장으로 두엄 속에서 삭힌다.

(6) 생활장

삼복 중에 콩과 누룩을 섞어 띄워서 담근다. 누룩의 다목적 이용과 발효 원리를 최대한 이용한 장이다.

(7) 청태장

마르지 않은 생콩을 시루에 삶고 쪄서 떡모양으로 만들어 콩잎을 덮어서 만든다. 청대콩 메주를 뜨거운 장소에서 띄워 햇고추를 섞어 간을 맞춘다. 콩잎을 덮는 이유는 균주가 붙어서 분해를 용이하게 하기 위함이다.

(8) 팥장

팥을 삶아 뭉쳐 띄워 콩에 섞어 담근다.

(9) 청국장

초겨울에 햇콩을 삶아 띄워 생강과 마늘을 넣고 찧은 다음 고춧가루와 소금을 넣어 익힌 장이고, 콩을 쑤어 볏짚이나 가랑잎을 깔고 40℃ 보온장소에 2~3일 띄운다. 고추, 마늘, 생강, 소금으로 간을 하고 절구에 넣고 찧는다.

(10) 집장

여름에 먹는 장의 일종으로, 농촌에서 퇴비를 만드는 7월에 장을 만들어 두엄더미 속에 넣어 두었다가 꺼내어 먹는 장이다.

(11) 두부장

사찰음식의 하나로 수분을 뺀 두부를 으깨어 간을 세게 하여 항아리에 넣었다가 꺼내어 참깨보시기, 참기름, 고춧가루로 양념하여 베자루에 담아 다시 한번 묻어둔다. 한 달 후에 노란 빛이 나며 매우 맛이 있다. 대홍사의 두부장이 유명하다.

(12) 지례장

일명 '지름장', '씨엄장' 이라고 한다. 메주를 빻아 보통 김칫국물을 넣어 익히면 맛이 좋다. 이 지례장은 삼삼하게 쪄서 밥 반찬으로 하며, '우선 지례먹는 장' 이라 하여 지례장이라 한다.

(13) 생치장

꿩으로 만든 장의 일종으로, 암꿩 3~4마리를 깨끗이 씻어서 삶아 껍질과 뼈는 버리고 살코기만 취하여 잘 다져 찧어서 진흙같이 만들어, 이것을 체로 받쳐 주면 아주 연하다. 여기에 초피가루와 생강즙과 장물로 간을 맞추어 볶아서 만드는데, 마르지도 질지도 않게 한다.

(14) 비지장

두유를 짜고 남은 콩비지로 담근 장이다. 콩비지를 대강 볶아서 무명 쌀자루에 담아 하루 반 정도를 띄운 후 소금으로 간하여 삭힌다. 충분히 삭은 비지장은 뚝배기에 비지장과 함께 배추김치를 넣어 지져 먹으면 별미이다. 비지장은 더운 날에는 만들지 못하는 단점이 있다.

3) 특수 된장

(1) 무장(서울)

10월에 장메주를 쑬 때 약간 작게 만들어 먼저 띄워 항아리에 담고 물을 부어두면 2~3일 후에 물이 우러나고 동동 뜨게 된다. 그러면 이것을 소금으로 간을 하여 꼭 덮어두면 3~4일 후에 익게 되는데, 동치미무, 배, 차돌박이, 편육 등을 썰어서 넣어 먹는다.

(2) 예산된장(충청도)

보리쌀과 콩을 섞어 메주를 쑤어 띄운다. 메주가 뜬 지 한 달 이상 지난 뒤 가루로 빻아 찹쌀밥을 해서 간장으로 간을 하여 함께 섞어 버무린다. 이것을 항아리에 담되, 절인 오이, 고추, 가지, 양지머리 삶아 건진 것, 마른 대하 등을 켜켜이 얹어가며 담는다. 그런 다음 뚜껑을 단단히 봉하여 말똥이나 퇴비더미 속에서 삭힌다.

(3) 진양된장(경상도)

콩을 불려 삶다가 맷돌에 간 밀을 얹어 다시 푹 익혀서 주먹만 하게 빚어 2~3일 동안 띄워 말린다. 이것을 가루로 만든 다음 찹쌀풀과 엿기름 삭힌 것을 합하여 가지, 오이, 무, 박, 우엉 등을 넣고 봉하여 볏짚이나 왕겨를 땐 잿더미 속에 묻어두고 짚을 때면서 익힌다.

(4) 밀양된장(경상도)

콩을 삶다가 쌀가루와 밀가루를 섞어 뜸을 들인 뒤, 작은 주먹만 하게 뭉쳐 띄워 말린다. 이것을 가루로 만들어 두었다가 필요한 때에 수시로 풋고추, 가지, 무, 다시마, 전복 등을 넣고 또 고춧가루, 마늘 등으로 양념하여 익혀 먹는다.

(5) 거름장(경상도)

콩을 삶다가 보리를 섞어 익힌 뒤 메주를 만들어 뽕나무나 닥나무

잎을 덮어 띄운다. 이것을 말려 가루로 만든 다음 오이, 가지 등을 섞어 퇴비 속에 묻어 익힌다. 거름장이란 명칭은 이렇게 퇴비 속에 파묻어 익힌다고 하여 붙여진 것이다.

(6) 나주된장(전라도)

누룩을 띄워 가루를 낸 뒤 씬 찹쌀을 섞어 하룻밤 재운다. 여기에 가지, 오이, 고춧잎 등을 섞어 퇴비 속이나 왕겨불 속에 묻어 익힌다.

(7) 전주된장(전라도)

찹쌀로 밥을 질척하게 지어 여기에 메줏가루와 엿기름가루를 섞고 또 고추, 가지, 무, 고춧잎 등의 채소를 넣어 아랫목에서 익혀 먹는다.

(8) 조피장(제주도)

조피 잎을 잘게 썰어 된장에 버무려 오지 그릇에 꼭꼭 눌러 담아 두었다가 이틀쯤 지난 뒤 먹는다.

장류의 분류

대분류		소분류	종 류	특 성
재래형	한국식	간 장	겹 장	간장에다 메주를 담가서 된 진간장
			막간장	염수에 메주를 담그는 보통 간장
			어간장	어류를 원료로 한 간장(젓국물의 종류)
		된 장	토 장	메주로 간장을 뽑지 않고 담근 된장
			막된장	간장을 뽑고 난 된장
			막 장	메주로 속성식으로 담근 것
			즙 장	수분이 많고 보통메주 또는 속성메주로 담금
		청국장	청국장	콩을 삶아 2~3일 발효시켜 소금을 넣어 찧는다.
			담북장	청국장에 무채나 생강 등의 부원료를 넣고 다져 놓은 것
		고추장	고추장	메줏가루에 고춧가루와 찹쌀밥을 혼합하여 숙성시킴

Tip 양념의 효과와 비율

양념은 음식물에 풍미를 더해주며, 냄새의 억제, 소멸 등으로 식욕을 촉진하는 성격을 가지고 있다. 그러므로 각 양념의 상호 배합비율, 분량의 많고 적음, 식품에 따른 양념의 적합 유무 등과 썰기나 조리시간의 조절과 함께 요리할 때 양념의 분량을 식품 재료의 특성에 따라 다소 차이가 나겠지만 각 양념의 상화관계에서 그 배합비율을 측정할 수 있다. 마늘은 생강의 6배, 파는 마늘의 2배, 깨소금은 참기름의 2배의 비율로 넣으면 좋다.

굵은 소금은 간수를 뺀 것이 맛이 좋고 이것은 김장이나 장을 담글 때 주로 사용한다. 꽃소금은 희고 고운 것이 조리할 때 많이 쓰이고 사용량은 국은 1%, 생선 2%, 생채, 무침은 3% 정도면 좋다. 소금을 잘 사용하면 음식 맛을 80% 정도 내준다.

2. 한식의 소스류

간장 양념 육장 끓이기

재료 500인분

양파(onion) 3ea, 배(pear) 2ea, 사과(apple) 2ea, 물(water) 22kg
참기름(sesame oil) 200ml, 진간장(say sauce) 4.4kg, 흑설탕(sugar) 6kg
물엿(corn syrup) 2.2kg, 전분(corn starch) 5큰술, 대파(leek) 5ea
마늘(Garlic) 50g

만드는 법

01 | 간장은 진간장, 맥아당 물엿, 흑설탕으로 준비한다. 물은 정수기에서 정제된 깨끗한 물로 준비한다.

02 | 사과, 배, 양파, 대파, 사과는 4쪽으로 통으로 썰어둔다.

03 | ①의 모든 재료를 넣고 센 불에서 끓여준다. 끓기 시작하면 약한 불에서 30분 정도 더 끓이고 마지막에 전분을 물에 풀어 부어준다. 다 끓인 양념은 찬물에 식혀 냉장보관해서 사용한다.

Tip 육장이란

육장이란 간장과 물의 비율을 맞추어 끓여서 갈비를 재울 수 있는 간장을 말한다. 간장과 물의 비율을 1: 5로 해서 끓인다. 이것을 기본으로 부재료를 넣어 달여 사용하는 것이다.

소금 양념 배합하기

재료 1400인분

참깨(sesame) 300g, 소금(salt) 2kg, 황설탕(brown sugar) 6kg
백설탕(white sugar) 6kg, 후춧가루(pepper) 100g

만드는 법

01 | 소금은 간수를 뺀 뽀송뽀송한 것으로 준비한다.

02 | 황설탕과 백설탕은 각 3kg의 포장제를 2봉씩 준비한다.

03 | 참깨는 잘 볶은 것, 후춧가루는 200g짜리 1/2을 준비한다.

04 | ①, ②, ③의 모든 재료를 넣고 골고루 잘 섞어준다. 통은 물기 없이 잘 말려서 사용해야 한다.

Tip 소금 양념 배합이란

소금 양념 갈비를 재울 때 사용하는 양념을 미리 혼합하여 두고 사용하는 것이다. 갈비는 대량으로 취급되기 때문에 미리 해 두면 좋다. 소금과 설탕의 비율은 1: 6으로 하면 좋으며 부재료를 상황에 따라 조절할 수 있다.

육장 소스

재료 500인분

진간장(say sauce) 242kg, 흑설탕(brown sugar) 2.2kg
물엿(corn syrup) 2.2kg, 전분(corn starch) 200g, 물(water) 11kg

만드는 법

01 | 간장은 진간장, 맥아당 물엿, 흑설탕으로 준비한다. 물은 정수기에서 정제된 깨끗한 물로 준비한다.

02 | 모든 재료를 넣고 센 불에서 끓여준다. 끓기 시작하면 약한 불에서 30분 정도 더 끓이고 마지막에 전분을 물에 풀어 부어준다. 다 끓인 양념은 찬물에 식혀 냉장보관해서 사용한다.

Tip 육장 소스란

육징은 고기를 먹을 때 찍어 먹는 소스이다. 개인종지에 조금씩 주며 이는 고기의 육질을 부드럽게 하고 맛을 내 주는데 좋다.

겨자 소스

재료 500인분

사과 식초(apple vinegar) 36l
강겨자(strong mustard) 1튜브
겨자(mustard) 2봉
와사비(wasabi) 1봉
진간장(say sauce) 4.4kg
설탕(sugar powder) 1봉지
물(water) 16.6kg

만드는 법

01 | 와사비는 찬물에 되게 개어놓고 겨자는 더운물에 개어 놓는다.

02 | 진간장은 물의 비율을 맞추어 놓는다.

03 | ①, ②를 넣고 잘 저어준다. 잘 풀어졌으면 사과 식초와 강겨자, 설탕을 넣고 다시 저어준다.

Tip 겨자 소스란

겨자 소스는 채소를 찍어 먹는 소스이다. 겨자를 저어줄 때는 한쪽 방향으로만 저어야 한다. 그렇지 않으면 소스의 맛이 떨어지거나 쓴맛이 난다.(참조 : 한국의 맛갈비 이재규 명인의 맛담, 백산 출판사, p.114~119)

간장 양념 소갈비 재우기

재료

갈비(rib) 200대
끓여둔 간장(reduction say sauce) 4.4kg
양파(onion) 3ea, 배(pear) 1ea
사과(apple) 1ea, 후추(pepper) 20g
마늘(garlic) 400g
통깨(sesame seed) 100g
청주(소주)(soju) 1병
참기름(sesame oil) 500g

만드는 법

01 | 갈비는 약 5~7cm 길이로 절단하여 포를 떠서 칼집을 넣어둔다. 끓여서 식힌 간장양념을 준비하여 놓고 여기에 생강, 마늘, 후추, 통깨, 참기름을 넣어준다.

02 | 사과, 배, 양파는 껍질을 벗겨 갈아둔다.

03 | ①, ② 모든 재료를 넣고 잘 섞어준다. 다음 준비된 갈비를 양념에 재워 한대씩 말아 가면서 통에 담아 놓는다. 냉장보관해서 사용한다.

돼지갈비 양념 간장

재료 380인분

진간장(say sauce) 4.4kg, 흑설탕(sugar) 6kg, 물(water) 18kg

만드는 법

01 | 간장은 진간장, 흑설탕으로 준비한다. 물은 정수기에서 정제된 깨끗한 물로 준비한다.

02 | 간장과 물을 1:4로 준비하여 센 불에서 끓여준다. 이때 흑설탕을 넣고 약한 불에서 30분 정도 더 끓여 식혀둔다.

소금 양념 소갈비 재우기

재료 100인분

갈비(rib) 200대, 배합소금(mixed salt) 1kg, 마늘(garlic) 800g
참기름(sesame oil) 1lt

만드는 법

01 | 갈비는 약 5~7cm 길이로 절단하여 포를 떠서 칼집을 넣어둔다. 마늘은 갈지 말고 다져 놓는다. 배합 소금은 따로 용기에 담아 준비한다.

02 | 참기름은 따로 용기에 담아 놓는다. 갈비를 양념할 통을 준비하여 물기를 제거해 놓는다.

03 | ①의 갈비를 1대씩 잘 펴서 공간이 없게 하고 마늘을 바르고 소금과 참기름을 뿌리고 차곡차곡 재워둔다. 준비된 갈비를 양념에 재워 한 대씩 말아가면서 통에 담아 놓는다. 냉장보관해서 사용한다.

간장 양념 돼지갈비 재우기

재료 75인분

돼지갈비(pork rib) 5kg, 돼지목살(neck) 20kg, 콜라(cola) 2병
끓여둔 간장(reduction say sauce) 4.4kg, 옥수수 식용유(salad oil) 1lt
생강(ginger) 100g, 후추(pepper) 20g, 마늘(garlic) 400g
마늘분(garlic powder) 1봉, 캐러멜(caramel) 40ml, 청주(소주)(soju) 2병
통깨(sesame seed) 100g

만드는 법

01 | 끓여둔 간장 4.4kg 통에 담고 생강, 마늘은 갈아서 준비해 둔다.

02 | 식용유는 옥수수 식용유, 소주, 콜라는 작은 병으로 준비해 놓는다. 통깨, 마늘분, 캐러멜을 준비해 둔다.

03 | 갈비와 목살은 포를 떠서 준비해 둔다.

04 | ①, ②, ③ 모든 재료를 넣고 잘 섞어준다. 다음 준비된 갈비를 양념에 재워 한대씩 말아 가면서 통에 담아 놓는다. 냉장보관해서 사용한다.

소금 양념 돼지갈비 재우기

재료 75인분

돼지갈비(pork rib) 12kg, 돼지목살(neck) 30kg, 소금(salt) 400g
황설탕(brown sugar) 4.4kg, 조미료(miwon) 약간, 식용유(salad oil) 0.5lt
생강(ginger) 500g, 후추(pepper) 50g, 마늘(garlic) 500g
된장(soy bean paste) 500g, 캐러멜(caramel) 40ml
참기름(sesame oil) 1lt, 육수(물) (water) 9kg, 통깨(sesame seed) 50g

만드는 법

01 | 갈비는 절단하여 포를 뜨고 목살은 적당한 두께의 칼집을 넣어둔다.

02 | 된장을 물에 풀어서 체에 걸러둔다.

03 | 흑설탕이나 황설탕 후추, 통깨, 마늘, 생강 등의 재료를 정확히 개량하여 준비해 둔다.

04 | 육수와 식용유, 참기름, 물과 함께 혼합하여 갈비를 재운다.

쌈장 *SSam Jang*

재료

쌈장(ssam jang) 1kg, 미향(mirin) 50ml, 정종(rice wine) 50ml
사이다(cider) 20ml, 참기름(sesame oil) 30ml, 참깨(sesame) 200g
마늘 다진 것(garlic chop) 200g

만드는 법

01 | 식재료를 계량하여 놓는다. 믹싱 볼에 재료를 넣어 골고루 저어준다.

02 | 바로 사용할 때는 쪽파, 청양고추 등을 첨가하여도 좋다.

돌솥밥 양념장

재료

간장(soy sauce) 55g
다진 파(leek chop) 14g
다진 마늘(garlic chop) 5.5g
고춧가루(chili powder) 1.1g
참기름(sesame oil) 8ml
참깨(sesame) 6g
후춧가루(pepper) 0.3g

만드는 법

01 | 식재료를 계량하여 놓는다. 믹싱 볼에 재료를 넣어 골고루 저어준다.

02 | 바로 사용할 때는 쪽파, 청양고추 등을 첨가하여도 좋다.

비빔밥 약고추장

재료

고추장(red chili paste) 95g
다진 쇠고기(ground beef meet) 20g
다진 파(leek chop) 9g
다진 마늘(garlic chop) 5.5g
물(water) 90g, 설탕(sugar) 12g
참기름(sesame oil) 20ml

만드는 법

01 | 식재료를 계량하여 놓는다.

02 | 팬을 달구어 다진 쇠고기, 파, 마늘, 참기름을 1/2 정도 넣고 중불에서 2~3분 볶다가 고추장, 설탕, 참기름을 넣어 5분 정도 볶은 후 물을 붓고, 3분 정도 더 볶아 맛을 내준다.

장국밥 양념장

재료

청장(light soy sauce) 9g
다진 파(leek chop) 7g
다진 마늘(garlic chop) 5.5g
후춧가루(pepper powder) 0.3g
참기름(sesame oil) 4g
깨소금(crushed sesame) 2g

만드는 법

01 | 식재료를 계량하여 놓는다.

02 | 모든 재료를 섞어 놓는다.

비빔냉면장

재료

배(pear) 250g, 양파(onion) 30g
소금(salt) 18g
마른 홍고추(dry red chili) 10g
다진 마늘(garlic chop) 16g
식초(vinegar) 90g, 설탕(sugar) 36g
고춧가루(red chili powder) 28g

만드는 법

01 | 식재료를 계량하여 놓는다. 배와 양파는 껍질을 벗겨 놓고 마른 홍고추는 면보로 닦아 길이 2cm 정도로 잘라 놓는다.

02 | 믹서기에 고춧가루와 식초를 제외한 모든 재료를 넣어 약 2분간 갈아서 볼에 담은 후 여기에 고춧가루와 식초를 넣어 골고루 섞어 재워 놓는다.

만둣국 초간장

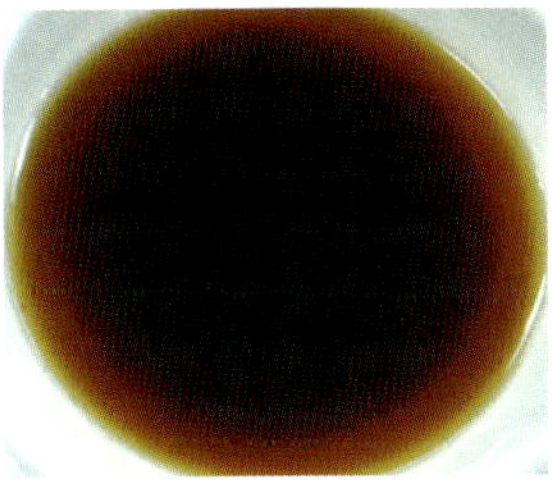

재료

간장(soy sauce) 18g
식초(vinegar) 15g
물(water) 15ml

만드는 법

01 | 식재료를 계량하여 놓는다.

02 | 모든 재료를 섞어 놓는다.

편수 초간장

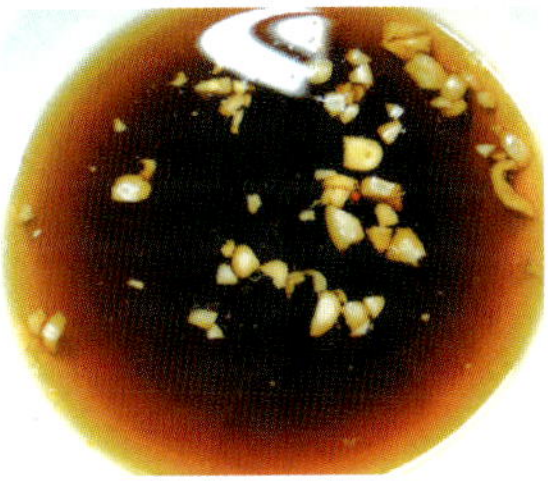

재료

간장(soy sauce) 18g
식초(vinegar) 15g
물(water) 15ml
잣가루(pine nut powder) 3g

만드는 법

01 | 식재료를 계량하여 놓는다.

02 | 모든 재료를 섞어 놓는다.

어만두 겨자즙

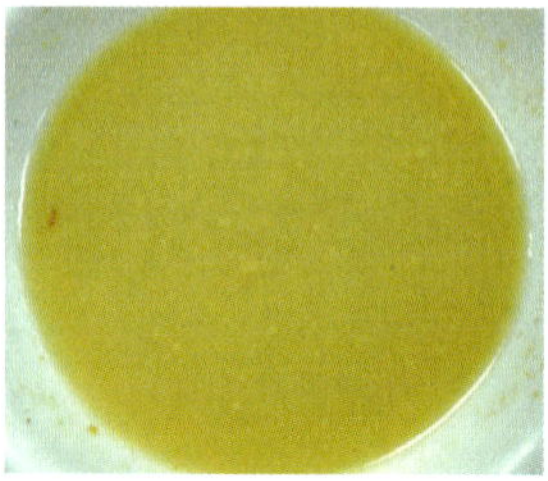

재료

발효겨자(mustard) 6.5g
식초(vinegar) 15g
설탕(sugar) 4g
소금(salt) 2g
꿀(honey) 9.5ml
육수 또는 물(stock) 15ml

만드는 법

01 | 식재료를 계량하여 놓는다.

02 | 모든 재료를 섞어 놓는다.

어복쟁반 양념장

재료

청장(light soy sauce) 45g
굵은 고춧가루(chili powder) 2.2g
다진 파(leek chop) 14g
다진 마늘(garlic chop) 8g
참기름(sesame oil) 6.5g
깨소금(crushed sesame) 2g

만드는 법

01 | 식재료를 계량하여 놓는다. 마늘과 대파는 다져 놓는다.

02 | 모든 재료를 섞어 놓는다.

육개장 양념장 1

재료

청장(light soy sauce) 18g
다진 파(leek chop) 28g
다진 마늘(garlic chop) 16g
고추기름(chili oil) 26g
참기름(sesame oil) 7ml

만드는 법

01 | 식재료를 계량하여 놓는다. 마늘과 대파는 다져 놓는다.

02 | 믹싱 볼에 재료를 넣어 골고루 저어준다.

육개장 양념장 2

재료

청장(light soy sauce) 18g
다 진파(leek chop) 28g
다진 마늘(garlic chop) 16g
고춧가루(chili powder) 14g
참기름(sesame oil) 6.5ml

만드는 법

01 | 식재료를 계량하여 놓는다. 마늘과 대파는 다져 놓는다.

02 | 믹싱 볼에 재료를 넣어 골고루 저어준다.

닭찜 양념장

재료

간장(soy sauce) 45g
설탕(sugar) 18g
다진 파(leek chop) 14g
다진 마늘(garlic chop) 8g
생강즙(ginger) 5.5g
깨소금(crushed sesame) 3g
참기름(sesami oil) 13ml

만드는 법

01 | 식재료를 계량하여 놓는다. 마늘과 대파는 다져 놓는다.

02 | 믹싱 볼에 재료를 넣어 골고루 저어준다.

떡찜 양념장

재료 100인분

간장(soy sauce) 27g, 설탕(sugar) 12g, 다진 파(leek chop) 7g
다진 마늘(garlic chop) 5.5g, 깨소금(crushed sesame) 2g
참기름(sesame oil) 6.5ml

만드는 법

01 | 식재료를 계량하여 놓는다. 마늘과 대파는 다져 놓는다.

02 | 믹싱 볼에 재료를 넣어 골고루 저어준다.

오이선 단 촛물

재료

소금(salt) 4g
설탕(sugar) 24g
식초(vinegar) 60ml
물(water) 15ml

만드는 법

01 | 식재료를 계량하여 놓는다.

02 | 믹싱 볼에 재료를 넣어 골고루 저어준다.

겨자즙

재료

발효겨자(mustard) 6g
식초(vinegar) 15g
설탕(sugar) 4g
소금(salt) 1g
꿀(honey) 9.5ml

만드는 법

01 | 식재료를 계량하여 놓는다.

02 | 모든 재료를 섞어 놓는다.

탕평채 초간장

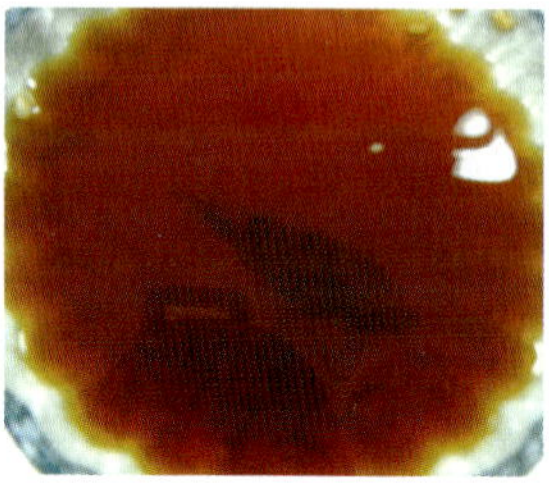

재료

간장(soy sauce) 12g
설탕(sugar) 12g
식초(vinegar) 30ml
깨소금(crushed sesame) 2g

만드는 법

01 | 식재료를 계량하여 놓는다.

02 | 믹싱 볼에 재료를 넣어 골고루 저어준다.

더덕생채 양념장

재료

설탕(sugar) 12g
고추장(chili paste) 15g
고춧가루(chili powder) 4.4g
소금(salt) 2g
식초(vinegar) 15g
다진 파(leek chop) 14g
다진 마늘(garlic chop) 5.5g
참기름(sesame oil) 6.5g
깨소금(crushed sesame) 2g

만드는 법

01 | 식재료를 계량하여 놓는다. 마늘과 대파는 다져 놓는다.

02 | 모든 재료를 섞어 놓는다.

참나물 생채 양념장

재료

된장(bean paste) 8.5g
고추장(chili paste) 6g
식초(vinegar) 15g
다진 파(leek chop) 14g
다진 마늘(garlic chop) 5.5g
참기름(sesame oil) 6.5g
통깨(sesame) 2g

만드는 법

01 | 식재료를 계량하여 놓는다. 마늘과 대파는 다져 놓는다.

02 | 모든 재료를 섞어 놓는다.

도토리묵 무침 양념장

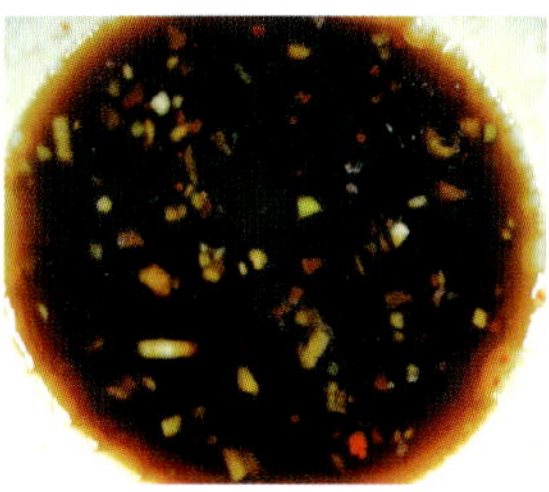

재료

설탕(sugar) 2g
간장(soy sauce) 24g
고춧가루(chili powder) 1.1g
다진 파(leek chop) 4.5g
다진 마늘(garlic chop) 2.5g
참기름(sesame oil) 6.5g
깨소금(crushed sesame) 2g

만드는 법

01 | 식재료를 계량하여 놓는다. 마늘과 대파는 다져 놓는다.

02 | 모든 재료를 섞어 놓는다.

낙지볶음 양념장

재료

간장(soy sauce) 6g
고추장(chili paste) 19g
고춧가루(chili powder) 14g
설탕(sugar) 4g
다진 파(leek chop) 14g
다진 마늘(garlic chop) 8g
다진 생강(ginger chop) 2g
흰 후춧가루(white pepper) 0.3g
참기름(sesame oil) 8g
깨소금(crushed sesame) 2g

만드는 법

01 | 식재료를 계량하여 놓는다. 마늘과 생강, 대파는 다져 놓는다.

02 | 모든 재료를 섞어 놓는다.

궁중떡볶이 양념장

재료

간장(soy sauce) 18g
설탕(sugar) 6g
꿀(honey) 6g
다진 파(leek chop) 4.5g
다진 마늘(garlic chop) 2.8g
물(water) 50ml
참기름(sesame oil) 4g

만드는 법

01 | 식재료를 계량하여 놓는다. 마늘과 대파는 다져 놓는다.

02 | 모든 재료를 섞어 놓는다.

너비아니구이 양념장

재료 100인분

간장(soy sauce) 54g, 설탕(sugar) 18g, 꿀(honey) 19g
다진 파(leek chop) 28g, 다진 마늘(garlic chop) 16g,
생강즙(ginger chop) 16g, 깨소금(crushed sesame) 6g
후춧가루(white pepper) 0.5g, 참기름(sesame oil) 19.5g

만드는 법

01 | 식재료를 계량하여 놓는다. 마늘과 대파는 다져 놓는다. 생강즙을 따로 만들어 놓는다.

02 | 모든 재료를 섞어 놓는다.

육구이 양념장

재료 100인분

간장(soy sauce) 50g, 고추장(chili paste) 19g, 설탕(sugar) 24g
고춧가루(chili powder) 14g, 청주(rice wine) 15ml
다진 파(leek chop) 14g, 다진 마늘(garlic chop) 8g
후춧가루(white pepper) 0.5g, 참기름(sesame oil) 26g

만드는 법

01 | 식재료를 계량하여 놓는다. 마늘과 대파는 다져 놓는다.

02 | 모든 재료를 섞어 놓는다.

북어구이 양념장

재료

간장(soy sauce) 6g
고추장(chili paste) 38g
설탕(sugar) 6g
다진 파(leek chop) 7g
다진 마늘(garlic chop) 5.5g
후춧가루(white pepper) 0.3g
참기름(sesame oil) 13g
깨소금(crushed sesame) 2g

만드는 법

01 | 식재료를 계량하여 놓는다. 마늘과 대파는 다져 놓는다.

02 | 모든 재료를 섞어 놓는다.

조기 양념구이 양념장

재료

간장(soy sauce) 6g, 고추장(chili paste) 57g, 설탕(sugar) 6g
다진 파(leek chop) 4.5g, 다진 마늘(garlic chop) 2.8g
생강즙(ginger chop) 5.5g, 후춧가루(white pepper) 0.1g
참기름(sesame oil) 13g, 깨소금(crushed sesame) 2g

만드는 법

01 | 식재료를 계량하여 놓는다. 마늘과 대파는 다져 놓는다.

02 | 모든 재료를 섞어 놓는다.

미나리강회 초고추장

재료

고추장(chili paste) 38g
설탕(sugar) 6g
식초(vinegar) 15ml

만드는 법

01 | 식재료를 계량하여 놓는다. 믹싱 볼에 재료를 넣어 골고루 저어준다.

불고기 양념 소스

재료

양파(onion) 3ea, 배(pear) 1ea
키위(kiwi) 2ea, 사과(apple) 1ea
물(water) 3kg
참기름(sesame oil) 200ml
간장(say sauce) 800ml
설탕(sugar) 350g
정종(rice wine) 100ml
미림(mirin) 500cc, 대파(leek) 3ea
마늘(garlic) 50g, 생강(ginger) 30g
후추 조금

만드는 법

01 | 식재료를 계량하여 놓는다.

02 | 믹서기에 물과 함께 간 후에 나머지 재료를 넣어 골고루 저어준다.

LA 갈비 소스

1차 재료

양파(onion) 6ea, 사과(apple) 6ea, 진간장(say sauce) 30lt
대파(leek) 6ea, 생강(ginger) 0.05kg

만드는 법

01 | 식재료를 계량하여 놓는다.

02 | 믹서기에 갈아서 넣고 다 같이 중불에서 2시간 정도 끓여준다.

03 | 식으면 냉장고에 넣고 필요시 사용한다.

2차 재료 산출량 갈비 15kg 기준

졸인 간장(1차 재료) 2lt, 물(water) 8lt, 백설탕(sugar) 3kg
간 마늘(garlic) 500g, 정종(rice wine) 300ml, 통깨(sesame) 200g
후추(pepper) 30g, 참기름(sesame oil) 300ml

만드는 법

01 | 식재료를 계량하여 놓는다.

02 | 고기의 양에 따라 계량이 달라질 수 있다. 약간의 캐러멜을 첨가한다.

03 | 모두 섞어서 고기의 핏물을 제거한 후 식으면 냉장고에 넣고 필요 시 사용한다.

갈비찜

1차 재료

진간장(say sauce) 2통(15lt)
백 물엿(starch syrup) 6통(9kg)
당귀(angelica gigas) 0.3kg
건 고추(dry red chili) 0.1kg
생강(ginger) 0.1kg
통후추(whole pepper) 0.05kg
정종(rice wine) 500ml

만드는 법

01 | 식재료를 계량하여 놓는다.

02 | 중불에서 2시간 정도 끓여준다.

03 | 식으면 냉장고에 넣고 필요 시 사용한다.

갈비찜 고기

갈비찜 고기(slice beef) 15kg, 졸인 간장(1차 재료 reduction soy sauce) 4lt
물(water) 12lt, 대파(leek) 200g, 양파(onion) 200g, 무(turnip) 100g
파인애플(pine apple) 1/3캔, 간 마늘(ground garlic) 2ts, 후추(pepper) 30g

만드는 법

01 | 식재료를 계량하여 놓는다.

02 | 고기의 양에 따라 계량이 달라질 수 있다. 약간의 캐러멜을 첨가한다.

03 | 모두 섞어서 고기의 핏물을 제거한 후 식으면 냉장고에 넣고 필요 시 사용한다.

볶음 덮밥장

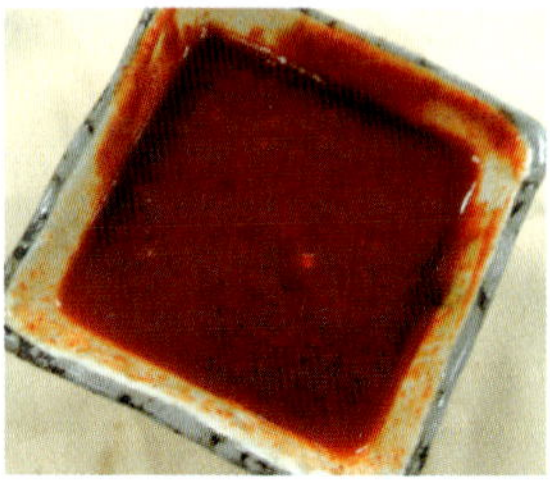

재료

고추장(chili paste) 1kg
마늘(garlic) 300g
고춧가루(red chili powder) 500g
물엿(starch syrup) 500ml
깨소금(crushed sesame) 50g
사과(apple) 2ea, 배(pear) 1ea
대파(leek) 50g, 양파(onion) 20g

만드는 법

01 | 식재료를 계량하여 놓는다.

02 | 믹서기에 사과 배, 양파, 대파를 갈아 놓는다.

03 | 볼에 모든 재료를 넣고 섞는다.

알밥 양념장

재료

간장(soy sauce) 800ml, 물(water) 1.6lt, 설탕(sugar) 400g
참기름(sesame oil) 100ml, 미림(mirim) 40ml, 정종(rice wine) 40ml
실파(chive) 150g, 마늘(garlic) 30g, 깨소금(crushed sesame) 50g
양파(onion) 250g

만드는 법

01 | 식재료를 계량하여 놓는다.

02 | 실파는 송송 썰고, 양파는 다져 놓는다. 당근도 작은 사각으로 썰어 놓는다.

03 | 볼에 모든 재료를 넣고 섞는다.

비빔밥 고추장

재료

고추장(red chili paste) 14kg
우민지(ground beef) 1kg
다진 마늘(garlic chop) 240g
식용유(salad oil) 200ml
물엿(starch oil) 500ml
참기름(sesame oil) 450ml
깨소금(crushed sesame) 50g

만드는 법

01 | 식재료를 계량하여 놓는다.

02 | 소고기는 볶아 식혀 놓는다.

03 | 볼에 모든 재료를 넣고 섞는다.

골뱅이 양념장

재료

고추장(chili paste) 3kg
식초(vinegar) 1080ml
사이다(cider) 360ml
물엿(starch syrup) 400ml
설탕(sugar) 500g
레몬 주스(lemon juice) 1ea
마늘 다진 것(garlic chop) 200g
생강 다진 것(ginger chop) 100g
참기름(sesame oil) 50ml
참깨(crushed sesame) 30g

만드는 법

01 | 식재료를 계량하여 놓는다. 양념장을 만들어 놓는다.

02 | 미리 만들어 하루 정도 재워두면 맛이 더 좋다.

흑미 소스

재료 100인분

흑미(black rice) 500g, 흑미 술(black rice wine) 300ml
레몬 주스(lemon juice) 15ml, 양파 다진 것(onion chop) 30g
마늘 다진 것(garlic chop) 10g, 설탕(sugar) 100g, 미림(mirim) 100ml
간장(soy sauce) 100ml, 물(water) 500ml, 민트분(mint powder) 5g
닭 육수(chicken stock) 500ml, 타임분(thyme powder) 5g

만드는 법

01 | 닭뼈를 이용하여 닭 육수를 진하게 만들어 놓는다.

02 | 흑미를 살짝 씻은 후 물에 넣어 3시간 이상 찬 곳에서 불려 놓는다. 쌀과 물을 걸러 따로 놓는다.

03 | 팬에 마늘 다진 것과 양파 다진 것을 볶고, 불려 놓은 쌀을 볶은 후 흑미 술을 넣어 졸여준다.

04 | 졸인 흑미를 믹서기에 곱게 갈아 준다. 여기에 나머지 재료를 넣고 같이 끓여준다.

05 | 고운 천에 걸러서 농도를 맞춘 후 양념하여 사용한다.

잔치국수

재료 100인분

국수장국 물 18l, 양파 2ea, 무 5kg, 대파 3kg, 다시마 2pk, 다시멸치 500g 국간장 50g, 소금 30g, 소면 3pk

고　명 당근 5ea, 애호박 7ea, 표고버섯 5ea, 우방심채 600g, 지단 200g 김가루 100g

기물준비 사기탕 그릇

만드는 법

01 | 물에 양파, 무, 대파, 다시멸치를 넣고 끓여준다.

02 | 채소가 어느 정도 무르면 다시마를 넣고 다시 끓여준다.

03 | 다시마가 풀어지고 어느 정도 국물이 우러나면 모든 재료를 건져낸다.

04 | 국간장과 소금으로 간을 맞춘다.

05 | 소면은 끓는 물에 1인분 분량으로 나눠 담는다.

고명 만들기

01 | 당근과 애호박은 채로 썰어서 소금에 절였다가 꼭 짜서 다진 마늘을 넣고 식용유에 볶아준 후 색이 변하지 않도록 빨리 식혀 준다.

02 | 표고버섯은 채를 썰어준 후 삶아서 찬물에 식힌 후 물기를 제거하고 다진 마늘, 간장, 미림, 참기름을 넣고 볶아준다.

03 | 우방심채도 표고버섯과 양념과 같이 해서 볶아 준다.

04 | 계란의 흰자와 노른자를 분리하여 지단을 만든다. 지단은 채를 썰어 준다.

담기

01 | 그릇에 소면을 담고 고명을 얹은 후 김가루를 올려주고 국물을 부어 준다.

Memo

일본식 소스

제4장

일본식 소스

황금알을 낳는 소스 황금알을 낳는 소스 황금알을 낳는 소스 황금알을 낳는 소스

04 제4장

일본식 소스

1. 일식 식재료

1) 간장

- 코이쿠치 : 관동지방에서 보통 간장이라고 하는 빨간색 간장으로 생선을 조리는데 가장 적당한 간장이다.
- 우스코치 : 색이 엷고 짠맛이 진하며 주로 관서지방에서 사용된다. 채소는 이 엷은 간장으로 조리는 것이 자연색이 나와 보기 좋다.

2) 된장

- 붉은색 된장(아카미소) : 센다이, 신슈우, 에치고 된장 등이며, 일반적으로 도쿄를 중심으로 사용된다.
- 엷은 색 된장(시로미소) : 관서 지방이 본고장이며 서경 된장이 대표적이다. 쌀곡자를 많이 넣은 아마쿠치(또는 아마미소)이다.
- 콩된장(마메미소) : 콩곡자만으로 만든 것이며 핫쵸오, 산슈우 된장 등이며 특유의 맛은 있으나 단맛이 적다.

3) 미림

찹쌀로 만든 것인데 설탕에서 맛볼 수 없는 감미를 지니며, 음식의 아름다움과 윤기를 증가시킨다. 미림은 재료를 오므라지게 하는 성질이 있어 단단해지며, 조림할 때는 몇 번으로 나누어 중간 또는 끝 무렵에 넣는 것이 좋다. 뭉그러지기 쉬운 것을 조릴 때는 처음에 넣는다. 고기의 특유한 냄새를 제거하고 생선에 넣으면 비린내를 제거할 수 있으므로 일본 음식의 조리에 많이 쓰인다.

4) 와사비

다년생의 풀인 고추냉이의 뿌리 부분을 말려 가루를 낸 것을 녹색의 물을 들여 조미료와 겨자를 적절하게 배합한 것이다. 매운맛이 강하고 향기가 있어 비린내를 없애기 때문에 회와 초밥에 없어서는 안 된다.

5) 겨자

우리가 보통 갓김치를 담아 먹는 그 갓의 씨를 통째로 말린 가루를 물에 개어 가공한 것으로 겨자는 물에 개면 시니그린 성분이 밀로신 효소로 인해 분해되어 매운맛이 나는데, 살균력이 있어 생선회, 초무침에 많이 쓰인다. 오래 보존하면 향신의 맛을 잃게 된다.

6) 데리야끼

데리 = 반짝반짝 빛난다, 야끼 = 구이 즉, 일본어로 '윤이 나게 구운 요리' 라는 뜻으로 식품에 간장, 술, 설탕으로 신하게 양념한 소스를 발라 굽는 일본 요리법으로 마늘과 신선한 생강이 첨가되기도 한다. 서구

화된 일본 요리에서는 데리야키가 양념이나 소스로 사용되기도 한다. 보통 쇠고기, 닭고기, 생선 등을 데리야키식으로 요리한다.

대분류	소분류	종 류	특 성
일본식	장 류	본양조간장	보통의 일식 간장(우리나라 "양조간장")
		다마리간장	콩만을 사용한 일식 간장
		신식간장	산분해 간장을 다시 발효시킨 것
		혼합간장	산분해 간장과 양조간장을 혼합한 것
		산분해간장	단백질 원료를 염산으로 분해해서 된 것
	미 소	쌀미소	쌀과 콩을 원료로 함
		보리미소	보리와 콩을 원료로 함
		콩미소	콩만을 원료로 함
	낫 또	이도바끼, 하마 등	우리나라 청국장과 같이 단시간에 띄운 끈적끈적한 장

2. 일식 소스류

데리야끼 소스

재료

간장(soy sauce) 500cc, 설탕(sugar) 30g, 정종(sake) 500cc
미림(mirin) 500cc, 대파(leek) 150g, 마늘(garlic) 50g, 생강(ginger) 30g
양파(onion) 200g, 소고기 스지(beef trimming) 300g

만드는 법

01 | 식재료를 계량하여 놓는다. 비프 스지는 물에 담가 핏물을 제거하여 놓는다.

02 | 큰 통에 모든 재료를 넣고 30% 될 때까지 졸여 걸러 놓는다.

03 | 더 졸인 다음 농도와 맛을 물엿을 이용하여 조절한다.

장어 대리

재료

닭뼈(chicken bone) 1kg
간장(soy sauce) 200cc
설탕(sugar) 100g, 정종(sake) 200cc
미림(mirin) 100cc, 대파(leek) 50g
마늘(garlic) 50g, 생강(ginger) 30g
양파(onion) 50g, 감초(licorice) 10g
통마늘(whole garlic) 30g
계피(cinnamon) 20g, 물(water) 50g
물엿(starch syrup) 200cc

만드는 법

01 | 대파, 양파, 마늘을 살라만더에 색깔이 나도록 굽는다.

02 | 통에 물과 구운 채소와 닭뼈를 넣고 같이 끓인다.

03 | 계피, 감초, 정종, 미림, 물엿, 간장을 넣고 중불에서 5~6시간 정도 끓여 걸러 사용한다.

골냄비 양념장(스키야키 다래)

재료

다시 물(dasi water) 400ml, 진간장(soy sauce) 50ml
청주(rice wine) 50ml, 설탕(sugar) 50g

만드는 법

01 | 다시를 만들어 놓는다.

02 | 모든 재료를 계량하여 사용한다.

지리 소스

재료

물(water) 100ml
간장(soy sauce) 150ml
환만 식초(vinegar) 150ml
설탕(sugar) 50g
레몬(lemon) 1/2ea

만드는 법

01 | 신맛을 좋아하는 사람은 식초를 더 넣고 레몬즙을 넣으면 향과 맛이 더욱 좋다.

02 | 지리 소스를 만든 후 실파와 당근 간 것과 고운 고추가루를 조금 섞어서 넣는다.

도미 냄비 초 밥초

재료

다시(dasi) 400ml
간장(soy sauce) 50ml
청주(rice wine) 25ml
소금(salt) 7g

만드는 법

01 | 다시를 만들어 놓는다.

02 | 모든 재료를 계량하여 사용한다.

생강초의 비율

재료

물(water) 300ml
식초(vinegar) 100ml
설탕(sugar) 100ml
소금(salt) 약간

만드는 법

01 | 다시를 만들어 놓는다.

02 | 모든 재료를 계량하여 사용한다.

복어회 폰즈

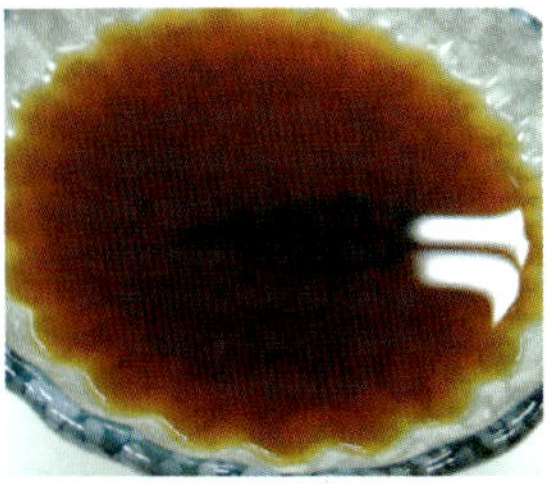

재료

다시마 국물(dasima stock) 100ml
간장(soy sauce) 100ml
식초(vinegar) 100ml

만드는 법

01 | 다시를 만들어 놓는다.

02 | 모든 재료를 계량하여 사용한다.

소면 다시(핫뽀 다시 또는 니보 다시)

재료

무(turnip) 1ea, 대파(leek) 5ea, 양파(onion) 13ea, 국멸치(anchovy) 1kg
홍고추(red chili) 200g, 건표고버섯(dry black mushroom) 600g
통마늘(whole garlic) 500g, 다시마(dasima) 6장
가스오브시(kasobushi) 600g

만드는 법

01 | 물 50g에 가스오브시를 제외한 모든 재료를 넣고 서서히 끓인다.

02 | 끓기 전에 다시마 건져내고 끓기 시작하면 간장 7lt로 색을 내고 꽃소금 약 1kg으로 간을 한다. 조미료를 넣고 약 20분간 끓여준다.

03 | 20분이 지난 후 재료들을 다 건져내고 가스오브시를 넣고 20분 후에 걸러서 사용한다.

소바 다시

재료 50인분

물(water) 8lt
진간장(thick soy sauce) 1000cc
설탕(sugar) 500g, 미림(mirim) 500g
정종(rice wine) 1000cc
다시마(dasima) 200g
가스오브시(kasobushi) 200g

만드는 법

01 | 찬물에 다시마를 넣고 물이 끓으면 다시마를 건진다.

02 | ①에 간장, 정종, 미림, 설탕을 넣고 한숨 끓이고 불을 끈다.

03 | ②에 가스오브시를 넣고 10분 정도 지나면 체에 걸러낸다. 체에 거른 소바 다시는 식힌 후 냉장보관하여 사용한다.

초대리

재료 500인분

환만 식초(vinegar) 4통(1.8lt)
설탕(sugar) 8kg
소금(salt) 2kg
레몬(lemon) 3ea
다시마(dasima) 1ea

만드는 법

01 | 식초, 설탕, 소금을 계량하여 믹싱 볼에 넣고 주걱으로 저어준다.

02 | ①에 레몬즙을 짜서 넣는다. 다시마는 마른 깨끗한 면보로 닦아 ①에 넣는다.

03 | 초대리는 소금과 설탕의 입자가 완전히 녹을 때까지 저어준다.

초고추장

재료

태양초 고추장(red paste) 1통
환만 식초(vinegar) 1통(1.8lt)
설탕(sugar) 3kg, 물엿(corn syrup) 2kg
레몬(lemon) 4ea, 참깨(sesame) 100g
간 마늘(ground garlic) 500g
간 생강(ground ginger) 200g
사이다(cider) 1000cc

만드는 법

01 | 재료를 계량하여 모두 넣고 잘 섞어준다.

02 | 완성된 초장에 레몬즙을 짜서 넣는다.

03 | 모든 재료가 잘 섞이도록 오래 저어준다.

3. 롤 소스(Roll Sauce)

스시스

재료

식초(vinegar) 10lt, 설탕(sugar) 6lt, 소금(mussel) 0.5lt

만드는 법

01 | 끓이지 않고 사용한다.

02 | 쌀 2lt 당 스시스 0.5lt

아마다래

재료

정종(rice wine) 1lt, 미림(mirim) 1.8lt, 간장(soy sauce) 8lt
설탕(sugar) 1kg, 황 물엿(brown sugar syrup) 0.5kg, 마늘(garlic) 10pc
양파(onion) 2ea, 생강(ginger) 2pc, 월계수 잎(bay leaf) 5pc
대파(leek) 3pc, 소금, 후추(salt, pepper) 조금

만드는 법

01 | 모든 재료를 계량하여 정종과 미림을 먼저 졸인 후 설탕을 제외한 모든 재료를 넣어 20% 정도로 졸인다.

02 | 걸러서 설탕과 1:1 비율로 섞은 후 다시 한번 졸인다.

폰즈

재료

식초(vinegar) 4lt, 미림(mirim) 2.75lt, 간장(soy sauce) 7lt
생수(water) 1.2lt, 다시마(dasida) 2장, 가스오브시(kasobushi) 50g
레몬(lemon) 1/2pc, 설탕(sugar) 1.6lt

만드는 법

01 | 모든 재료를 계량하여 정종과 미림을 먼저 졸인 후 모든 재료를 넣어 한번 끓어오르면 약한 불에서 약 30분 정도 졸인다.

02 | 걸러서 사용한다.

데빵 소스

재료

간장(soy sauce) 0.5lt, 생수(water) 1lt, 설탕(sugar) 0.5lt
혼다시(hondasi) 2ts, 참기름(sesame oil) 0.15lt, 올리브유(olive oil) 0.15lt
생강가루(ginger powder) 1ts, 마늘가루(garlic powder) 1ts
백포도주(white wine) 0.15lt

만드는 법

01 | 모든 재료를 계량하여 섞어준다. 끓이지 않고 사용한다.

야끼소바 소스 *Yakisoba Sauce*

재료

돈가스 소스(pork cuttlet sauce) 1lt, 우스터 소스(worcester sauce) 1lt
굴 소스(oyster sauce) 0.5lt, 토마토 케첩(tomato ketchup) 0,5lt
간장(soy sauce) 0.5lt

만드는 법

01 | 모든 재료를 계량하여 섞어준다. 끓이지 않고 사용한다.

토마토 케첩 소스

재료

토마토 케첩(tomato ketchup) 12oz, 버터(butter) 10.03kg
레드와인(red wine) 4oz, 설탕(sugar) 2ts

만드는 법

01 | 모든 재료를 계량하여 섞어준다. 한번 끓여서 사용한다.

야끼 우동 소스 1 *Yaky U-dong Sauce 1*

재료

두반장(soy bean sauce) 15g
굴 소스(oyster sauce) 15g
정종(rice wine) 20g, 식초(vinegar) 15g
설탕(sugar) 15g, 조미료 조금
전분(cornstarch) 15g

만드는 법

01 | 모든 재료를 계량하여 놓는다.

02 | 소스 팬에 모두 넣고 끓이면서 전분으로 농도를 맞춘다.

야끼 우동 소스 2 *Yaky U-dong Sauce 2*

재료

두반장(soy bean sauce) 10g, 간 마늘(garlic) 5g, 정종(rice wine) 10cc
대파 다진 것(leek chop) 5g, 양파 다진 것(onion chop) 10g
청고추(green chili) 5g, 홍고추(red chili) 5g, 물엿(sugar syrup) 10cc
설탕(sugar) 5g, 참기름(sesame oil) 5ml, 통깨(sesame) 5g
후추(pepper) 조금, 전분(cornstarch) 15g

만드는 법

01 | 모든 재료를 계량하여 섞어준다. 끓이지 않고 사용한다.

02 | 펜에 두반장, 간 마늘을 볶다가 나머지 재료를 넣고 볶는다.

돈가스 소스

재료

돈가스 소스(pork cuttlet sauce) 1.8lt, 통마늘(whole garlic) 0.05kg
양파(onion) 2ea, 레드와인(red wine) 6oz, 설탕(sugar) 4oz

만드는 법

01 | 모든 새료를 계량하여 믹서기에 갈아서 진갈색이 날 때까지 은근하게 졸여준다.

볼케이노 소스

재료

마요네즈(mayonnaise) 3.2kg, 도비꼬(dobico) 6oz, 쓰리라챠 32oz
폰즈 24oz

만드는 법

01 | 모든 재료를 계량하여 섞어준다. 끓이지 않고 사용한다.

볼케이노란 화산이란 뜻을 가지고 있음

스노우콘 소스

재료

마요네즈(mayonnaise) 3.2kg, 설탕시럽(sugar syrup) 24oz
참기름(sesame oil) 3oz, 간장(soy sauce) 40oz

만드는 법

01 | 모든 재료를 계량하여 섞어준다. 끓이지 않고 사용한다.

크랩밋 마요네즈

재료

마요네즈(mayonnaise) 3.2kg, 설탕(sugar) 0.25lt

만드는 법

01 | 모든 재료를 계량하여 섞어준다. 끓이지 않고 사용한다.

크랩 미트

재료

마요네즈(mayonnaise) 10oz, 맛살 1kg, 크라비아 0.5kg

만드는 법

01 | 모든 재료를 계량하여 섞어준다. 끓이지 않고 사용한다.

어묵(피쉬 미트)

재료

어묵 반죽 100g, 당근 다진 것(carrot chop) 5g, 계란(egg) 1개
양파 다진 것(onion chop) 10g, 밀가루(four) 50g, 버터(butter) 10g
소금(salt) 조금, 후추(pepper) 조금, 전분(cornstarch) 50g

만드는 법

01 | 모든 재료를 계량하여 놓는다.

02 | 팬에 버터를 두르고 양파 당근 다진 것을 볶다가 어묵 반죽에 넣는다.

03 | 여기에 계란을 넣고 잘 버무린 후 전분과 밀가루의 비율을 1:1로 넣어 농도를 맞추고 기름에 튀겨낸다.

스파이시 크램 미트

재료

크램 미트 2kg, 쓰리라챠 2kg

만드는 법

01 | 모든 재료를 계량하여 섞어준다. 끓이지 않고 사용한다.

스파이시 튜나

재료

아까미찹 2kg, 쓰리라챠 2kg

만드는 법

01 | 모든 재료를 계량하여 섞어준다. 끓이지 않고 사용한다.

스켈럽

재료

관자(scallop) 2kg, 단무지 다진 것 1kg, 참기름(sesame oil) 100ml
후리각께 200g

만드는 법

01 | 모든 재료를 계량하여 섞어준다.

02 | 관자를 작은 다이스로 썰어 볶아 식힌 후 사용한다.

스노우콘 새우

재료

알새우(shrimp) 2kg, 스노우콘 소스 1kg

만드는 법

01 | 모든 재료를 계량하여 섞어준다. 끓이지 않고 사용한다.

볼케이노 크램 미트

재료

스파이시 크램 미트 100g, 당근 다진 것(carrot chop) 15g
양파 다진 것(onion chop) 20g, 쇠고기 민찌(beef ground) 50g
버터(butter) 5g, 소금(salt) 조금, 후추(pepper) 조금

만드는 법

01 | 모든 재료를 계량하여 놓는다.

02 | 팬을 달구어 버터에 쇠고기 민찌, 당근, 양파 등을 볶아 수분을 제거하여 놓는다.

03 | 식으면 스파이시 크램 미트와 섞어서 사용한다.

스노우콘 미트

재료

크램 미트(cram meat) 2kg, 단무지 다진 것 1kg
참기름(sesame oil) 100ml, 후리각께 200g

만드는 법

01 | 모든 재료를 계량하여 섞어준다.

02 | 게살은 찢어서 기름기 없는 프라이팬에 볶아 물기를 제거하여 사용한다. 끓이지 않고 사용한다.

와사비 소야 소스

재료

마요네즈(mayonnaise) 1.5kg, 설탕(sugar) 120g, 무(turnip) 300g
참기름(sesame oil) 2tsp, 간장 몽고(soy sauce) 40oz, 배(pear) 2ea
와사비 분말(wasabi powder) 80g, 물(water) 50ml

만드는 법

01 | 무와 배는 껍질을 벗긴 후 강판에 갈아둔다. 와사비는 찬물에 개어둔다. 물을 조금씩 부어가며 조리용 스푼으로 휘젓는다. 농도는 용기를 뒤집었을 때 와사비가 흘러내리지 않을 정도면 된다.

02 | 모든 재료를 믹싱 볼에 담아 롱 스푼으로 골고루 섞어 완성한다.

03 | 완성된 와사비소야 소스를 용기에 담아 밀봉 후 냉장 보관한다.

제5장

중국 소스

중국 소스

황금알을 낳는 소스 황금알을 낳는 소스 황금알을 낳는 소스 황금알을 낳는 소스

05 제5장 중국 소스

중국의 요리는 전국적으로 여러 계통이 있지만 그 중에서도 유명한 것이 4대 요리이다. 광둥성을 중심으로 남쪽지방에서 발달한 광둥요리와, 쓰촨성을 중심으로 산악지대의 풍토에 영향을 받은 쓰촨요리, 황허 하류의 평야 지대를 중심으로 발달하여 상하이로 대표되는 상하이요리, 수도인 베이징의 고도를 중심으로 궁정요리가 발달한 베이징요리 등이다. 그밖에 지방마다 특색 있는 요리가 있어 그 종류만 하더라도 헤아릴 수 없이 많은 것이 중국음식이다.

Tip 중국요리의 역사

■ **구석기~신석기** : 신화와 전설을 통해 음식문화를 알 수 있다
수인씨-불씨를 발명(어폐류의 생식으로 인한 위장장애 사라짐)
복희씨-요리방법을 가르침(소, 양, 돼지 등 사육)
신농씨-농경시작, 소금생산

이후 죽 형태의 음식을 먹고 취사용구와 시설을 마련하여 사용, 발효식품(잼, 술)

■ 은 · 주시대 : 채소 과실 곡물재배
소, 양, 돼지, 개 순으로 고기의 질을 구분

■ 한시대 : 맷돌이 쓰임, 튀김, 훈제, 건어 등의 여러 가지 요리법 발명
떡, 만두, 젓갈, 조미료, 유산발효 식품(요구르트) 등이 이 시대의 식품

■ 수 · 당 · 송시대 : 분열과 통일로 인한 한인문화와 의식주 변질
서방문화 유입으로 호식 유행(밀가루 음식)
차를 마시는 풍습이 보급
당, 송시대의 음식문화가 오늘날의 중국음식 문화와 거의 비슷

■ 원시대 : 몽고요리, 만주요리, 본래의 중국요리가 복합되어 음식문화 형성

■ 명 · 청시대 : 상어지느러미, 제비집 등의 고급재료의 사용
'번' –명대 이후 들어온 식품들의 명칭에 많이 붙음(번과–파파야, 번초–고추, 번가–토마토, 번저–고구마)

■ 청시대 : 요리가 세련되고 기교가 가미된 호화스러움의 최고 수준
조리기술의 완성시대

※ 청요리의 세 가지 형태

정(精)–재료의 선택, 조리, 조형, 식기, 예절 등의 정성스런 마음을 다하는 것
세(細)–재료의 가공, 조리방법, 조미료의 선택, 조미방법에 있어 세심하게 마음을 쓴다는 것
전(全)–각 지역의 음식이 각각 독자적인 계통으로 완성된 양식을 갖고 있음을 말함

1. 중국 소스의 종류

1) 두반장(豆瓣醬 · 豆板醬)

마마콩(잠두) 또는 콩을 주원료로 하여 소금, 누룩, 밀가루, 고추, 회향풀 등을 넣어 발효시킨 것이다. 쓰촨[四川]요리에 많이 쓰인다. 고추의 매운 맛이 독하므로 사용량에 주의해야 한다. 주산지는 양쯔강 유역으로 특히 안칭산[安慶産]이 유명하다. 땅콩을 원료로 한 것도 있으며, 후이궈러우[回鍋肉], 마포더우푸[麻婆豆腐], 예차이차오[野菜炒] 등 중국요리에 널리 쓰인다.

2) 춘장

밀가루와 콩을 섞어 발효시킨 후에 소금과 캐러멜을 넣어 만든다.

3) 굴 소스

호유, Oyster sauce 등으로 불리며 중국 요리에 많이 쓰이는 소스 중 하나로 생굴을 소금물에 담가 발효시킨 후 맑은 물을 떠내고 간장 상태로 만들어서 고기를 재울 때 사용하거나 팔보채, 해삼요리 등에 쓰이며 중국요리 특유의 향과 감칠맛을 느끼게 한다.

4) 닭 소스

닭 육수에 갖은 향신료를 넣어 끓인 간장처럼 묽은 소스이다. 요리의 향과 윤기를 더해주는 특징이 있어 음식에 색깔을 내거나 육류나 어류를 조릴 때 많이 이용한다.

Tip 산분해간장

탈지대두나 소맥전분의 부산물인 Gluten에 일정량의 분해제인 염산을 가하여 가수분해하여 Amino acid를 생성시키고 식품첨가물인 중화제(Na_2CO_3)로 pH4.85.2로 중화시킨 후 Filter하여 박과 액으로 분리하여 산분해간장으로 한다. 최근에는 분해제인 염산의 농도를 저염산으로 하여 저온 또는 중온분해하여 분해 시 생성되는 MCPD를 저감화하는 방법으로 제조하고 있다.

■ 효소분해간장

여러 방법이 있으나 일례로 양조간장의 제조법과 같이 탈지대두, 소맥을 전처리, 제국하여 간장덧을 만든 후 이를 23일간 5℃에서 냉염 침적시킨 것과 별도 제국하여 간장덧을 만든 것에 효소제를 첨가한 것과 혼합하여 35~40℃에서 23일간 효소 소화시키고 냉염 침적하여 숙성시켜 얻은 간장으로 한국에서는 생산이 되고 있지 않다.

■ 혼합간장

양조간장, 산분해간장, 효소분해간장 등을 적당한 비율로 혼합하여 만든 간장으로 각각의 장점, 단점을 상호 보완한 제품이다.

오향장육 소스 1

재료

진간장(soy sauce) 30ml, 설탕(sugar) 200g, 물(water) 2lt
대파(leek) 100g, 마늘(garlic) 70g, 생강(ginger) 30g, 양파(onion) 100g
노두유 100ml, 팔각 30g, 산초 10g, 오향분 10g

만드는 법

01 | 대파, 양파, 마늘을 살라만더에 색깔이 나도록 굽는다.

02 | 통에 물과 구운 채소와 닭뼈를 넣고 같이 끓인다.

03 | 계피, 감초, 정종, 미림, 물엿, 간장을 넣고 중불에서 5~6시간 정도 끓여 걸러 사용한다.

오향장육 소스 2

재료

간장(soy sauce) 100ml, 설탕(sugar) 15g, 물(water) 1200ml
고량주 45ml, 쌍노두 30ml, 조미료 15g, 생강(ginger) 30g
대파(onion) 100g, 건고추(dry red chili) 20g, 팔각 10g

만드는 법

01 | 모든 재료를 계량 하여놓는다.

02 | 중불에서 5~6시간 정도 끓여 걸러 사용한다.

칠리 소스

재료

토마토 케첩 1.5kg
타바스코 20ml
설탕(sugar) 80g
물(water) 500ml
고추기름 20g
마늘(garlic) 10g
두반장 180g

만드는 법

01 | 팬에 고추기름을 넣은 뒤 마늘을 넣어 향을 낸다.

02 | 케첩과 두반장을 넣어 살짝 볶아준다.

03 | 물과 같은 분량의 양념을 넣어 완성한다.

해파리 소스

재료

겨자(mustard) 100g, 식초(vinegar) 1lt
소금(salt) 5g, 설탕(sugar) 70g
레몬(lemon) 1ea, 미림(mirim) 5g
마늘(garlic) 5g

만드는 법

01 | 겨자는 미지근한 물로 갠 후 따뜻한 곳에서 보관한다.

02 | 준비된 그릇에 식초와 양념을 넣어 소금과 식초가 녹을 때까지 저어준다.

03 | 설탕과 소금이 녹았으면 ①의 겨자와 잘 섞어준다.

겨자 소스

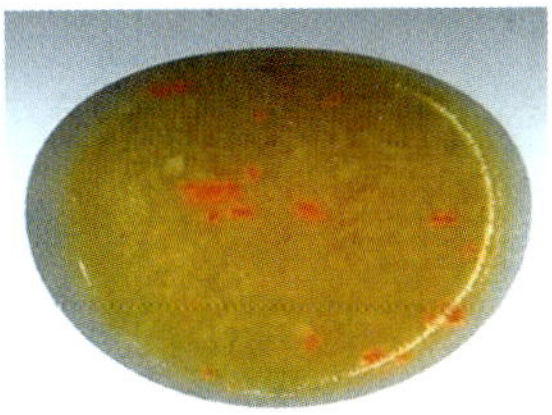

재료

겨자(mustard) 30g
식초(vinegar) 30ml
소금(salt) 10g
설탕(sugar) 20g
다진 마늘(garlic chop) 10g
참기름(sesame oil) 약간

만드는 법

01 | 겨자는 미지근한 물로 갠 후 따뜻한 곳에서 보관한다.

02 | 준비된 그릇에 식초와 양념을 넣어 소금과 식초가 녹을 때까지 저어 준다.

03 | 설탕과 소금이 녹았으면 ①의 겨자와 잘 섞어준다.

상어 지느러미찜 소스

재료

파기름(leek oil) 15ml, 마늘 다진 것(garlic) 7g, 생강 다진 것(ginger) 7g
정종(rice wine) 10ml, 육수(stock) 100ml, 조미료(miwon) 5g
굴 소스(oyster sauce) 5ml, 쌍노두 7g, 물 전분(corn starch) 약간
참기름(sesame oil) 15ml

만드는 법

01 | 모든 재료를 계량하여 놓는다. 대파, 생강은 다져 놓는다.

02 | 중불에서 5~6시간 정도 끓이고 전분으로 농도를 맞추어 걸러 사용한다.

게살 상어지느러미 소스

재료

고추기름(chili oil) 20ml, 대파 다진 것(garlic) 7g, 정종(rice wine) 20ml
육수(stock) 50ml, 조미료(miwon) 3g, 물 전분(cornstarch) 약간
소금(salt) 약간

만드는 법

01 | 모든 재료를 계량하여 놓는다. 대파는 다져 놓는다.

02 | 중불에서 5~6시간 정도 끓이고 전분으로 농도를 맞추어 걸러 사용한다.

삼선 상어지느러미 소스

재료

파 기름(leek oil) 15ml, 대파 다진 것(garlic) 5g, 정종(rice wine) 20ml
육수(stock) 50ml, 조미료(miwon) 3g, 물 전분(corn starch) 약간
소금(salt) 약간, 계란(egg) 1개

만드는 법

01 | 모든 재료를 계량하여 놓는다. 대파는 다져 놓는다.

02 | 중불에서 5~6시간 정도 끓이고 전분으로 농도를 맞추어 걸러 사용한다.

파사이 소스

재료

고추기름(chili oil) 15ml, 육수(stock) 50ml, 조미료(miwon) 3g
치킨 베이스(chicken base) 5g, 물 전분(corn starch) 약간
소금(salt) 약간, 참기름(sesame oil) 2ml

만드는 법

01 | 중불에서 5~6시간 정도 끓여 걸러 사용한다.

02 | 주로 전가복, 매운 상어지느러미 등에 사용한다.

청채 굴기름 소스

재료

파 기름(leek oil) 30ml, 생강 다진 것(ginger) 10g, 정종(rice wine) 15ml
육수(stock) 100ml, 쌍노두 5g, 굴 소스(oyster sauce) 30ml
물 전분(corn starch) 약간, 참기름(sesame oil) 5ml

만드는 법

01 | 모든 재료를 계량하여 놓는다. 생강은 다져 놓는다.

02 | 중불에서 5~6시간 정도 끓이고 전분으로 농도를 맞추어 걸러 사용한다.

북경 오리바비큐 육수

재료

식초(vinegar) 80ml, 팔각 20g, 대파(leek) 100g, 물(water) 1lt
생강(ginger) 50g, 물엿(starch syrup) 100ml, 고량주 30ml

만드는 법

01 | 모든 재료를 계량하여 놓는다.

02 | 중불에서 5~6시간 정도 끓이고 전분으로 농도를 맞추어 걸러 사용한다.

마늘 소스

재료

마늘(garlic) 30g, 대파(leek) 30g, 청피망(green pimento) 20g
홍피망(red pimento) 20g, 완두콩(green peas) 20g
건 고추(사천) (dry red chili) 10g, 식용유(salad oil) 20ml
고추기름(chili oil) 30ml, 육수(stock) 40ml, 간장(soy sauce) 30ml
설탕(sugar) 50g, 후추(pepper) 5g, 식초(vinegar) 30ml
참기름(sesame oil) 7ml

만드는 법

01 | 모든 재료를 계량하여 놓는다. 파는 송송 썰고 청 · 홍피망은 사각으로 작게 썬다. 건 고추는 삼각형으로 어슷하게 자른다.

02 | 팬을 달구어 고추기름과 식용유를 두르고 건 고추를 넣고 살짝 볶아 향을 낸다.

03 | ②에 간 마늘, 청 · 홍피망, 완두콩, 대파를 넣고 볶은 다음 간장, 정종으로 기본 간을 한다.

두반장 소스

재료

마늘(garlic) 10g, 대파(leek) 30g, 청피망(green pimento) 20g
홍피망(red pimento) 20g, 완두콩(green peas) 20g, 생강(ginger) 5g
표고버섯(black mushroom) 20g, 닭 육수(chicken stock) 100ml
두반장(bean paste) 5g, 간장(soy sauce) 30ml, 정종(rice wine) 15ml
설탕(sugar) 5g, 소금(salt) 2g, 전분(corn starch) 10g
참기름(sesame oil) 7ml

만드는 법

01 | 모든 재료를 계량하여 놓는다. 파는 송송 썰고 청 · 홍피망은 사각으로 작게 썬다.

02 | 팬을 달구어 고추기름과 식용유를 두르고 파, 마늘, 생강을 넣고 살짝 볶아 향을 낸다.

03 | ②에 두반장, 닭육수, 설탕 소금 등 모든 재료를 넣고 전분을 풀어 농도를 맞추고 맛을 내준다.

자장 소스

재료

춘장(chun jang) 20g, 설탕(sugar) 2g
조미료(miwon) 3g
전분(corn starch) 10g
닭 육수(chicken stock) 20ml

만드는 법

01 | 팬에 기름을 두르고 춘장을 볶아 향을 내준다.

02 | 모든 재료를 넣고 끓여 전분으로 농도를 맞추어 준다.

사천자장 소스

재 료

고추기름(chili oil) 45ml, 생강(ginger) 5g, 고춧가루(chili powder) 30g
치킨 베이스(chicken base) 3g, 마늘(garlic) 10g, 대파(leek) 15g
굴 소스(oyster sauce) 6g, 조미료(miwon) 7g, 전분(corn starch) 10g
닭 육수(stock) 100ml

만 드 는 법

01 | 팬에 고추기름을 두르고 파, 마늘, 생강을 살짝 볶아 향을 내준다.

02 | 모든 재료를 넣고 끓여 전분으로 농도를 맞추어 준다.

블랙빈 소스

재 료

블랙 빈 소스(black bean sauce) 30g, 물 녹말(red pimento) 30g
굴 소스(oyster sauce) 15g, 설탕(sugar) 15g, 육수 또는 물(stock) 150g
정종(rice wine) 30g, 마늘 다진 것(garlic chop) 5g
대파 다진 것(leek chop) 5g, 파기름(leek oil) 15ml
소금, 후추(salt, pepper) 조금

만 드 는 법

01 | 팬을 달구고 파기름을 두르고 볶다가 대파, 마늘 다진 것을 볶아준다.

02 | 정종을 넣어 향을 내순 다음 블랙 빈과 육수를 넣고 끓이다가 굴 소스, 설탕, 후춧가루를 넣고 조금 졸인 다음 물 녹말을 넣고 한번 휘저어 주고 끓어오르면 불을 끈다.

오이 매운장 소스

재료

소고기 다진 것(beef ground) 50g
두반장(chili paste) 30g
생강 다진 것(ginger chop) 5g
마늘 다진 것(garlic chop) 5g
물고추(water chili) 30g
물 녹말(red pimento) 30g
육수 또는 물(stock) 150g
굴 소스(oyster sauce) 15g
설탕(sugar) 15g
정종(rice wine) 30g
참기름(sesame oil) 30ml
파기름(leek oil) 15ml
소금, 후추(salt, pepper) 조금

만드는 법

01 | 팬을 달구고 파기름을 두른 다음 소고기를 볶다가 대파, 마늘 ,생강 다진 것을 볶아 향을 내준다.

02 | 정종, 두반장, 물고추, 굴 소스, 설탕으로 양념한 다음 육수를 넣고 끓어오르면 물 녹말을 넣어 한번 휘저어 주고 농도를 조절한다.

03 | 마지막에 참기름을 넣고 맛을 내준다.

물고추란 사천고추나 홍고추를 물과 같이 갈거나 절구통에 빻아서 물에 담가 놓은 것

Memo

제6장

태국음식 소스

태국음식 소스

황금알을 낳는 소스 황금알을 낳는 소스 황금알을 낳는 소스 황금알을 낳는 소스

06

제6장

태국음식 소스

달콤한 칠리 소스 *Sweet Chili Sauce*

재료

식초(vinegar) 10개, 설탕(sugar) 6.3kg, 당근(carrot) 100g
고추(red chili) 10개, 무(turnip) 40g, 소금(salt) 3tsp

만드는 법

01 | 당근과 무는 작은 필러로 껍질을 제거 후 가는 채로 썰어 준비한다.

02 | 홍고추를 넣고 믹서기에 거칠게 간 후 물기를 제거한다.

03 | 식초와 설탕을 냄비에 넣고 중불에서 설탕이 녹을 때까지 저어주며 약 10분간 끓인다.

04 | 볼에 모든 재료를 넣고 섞어 준다. 소금으로 양념하여 사용한다.

시트러스 드레싱 *Citrus Dressing*

재료

사과(apple) 10개
만다린(mandarin) 6.3kg
홍고추(red chili) 10개
실파 다진 것(chive chop) 40g
레몬 주스(lemon juice) 400ml
소금(salt) 3tsp

만드는 법

01 | 만다린은 굵직하게 다져 캔 안의 주스와 함께 4개의 통에 담는다. 사과는 껍질을 벗겨 지름 2mm 정도의 정육면체로 잘라 만다린이 담긴 통에 함께 섞는다.

02 | 홍고추를 곱게 다져 소창에 짜서 물기를 제거한 후 4개의 통에 각각 나누어 담은 후 골고루 섞어준다. 실파는 푸른 부분만 사용하여 다져 놓는다.

03 | 볼에 모든 재료를 넣고 섞어준다. 여기에 레몬 주스와 소금, 후추로 양념하여 사용한다.

탄두리 치킨 양념 *Tandoori Marinate Chicken*

재료

프레쉬 레몬 주스(fresh lemon juice) 250ml, 소금(salt) 60g
코리안더 프레쉬(coriander fresh) 30g, 큐민씨(cumin seed) 15g
플레인 요구르트(plain yogurt) 500ml, 마늘(garlic chop) 3ea
생강(ginger chop) 15g, 계피 파우더(cinnamon powder) 15g
터메릭(ground turmeric) 10g, 고춧가루(red pepper flakes) 15g
오렌지 색소(orange food coloring) 10g, 버터(butter) 100g
샤프란(saffron) 5g, 커리 파우더(curry powder) 15g
샐러드오일(salad oil) 30ml, 소금, 후추(salt, ground pepper) 조금

만드는 법

01 | 모든 식재를 계량하여 놓는다. 고춧가루가 거칠면 조금 더 다져 놓는다.

02 | 볼에 모든 재료를 섞고 요구르트를 넣어 섞어 놓는다.

03 | 믹서기에 가볍게 갈아준다.

단도리 소스(사테용)

재료

카레분(curry powder) 400g
코코넛 밀크(coconut milk) 2can
코코넛 크림(coconut cream) 1can
치킨 스톡(chicken stock) 700ml
굴 소스(oyster sauce) 75ml
휘핑 크림(whipping cream) 1pk
레몬 주스(lemon juice) 40ml
소금(salt) 3g

만드는 법

01 | 모든 재료를 계량하여 믹싱 볼에 담고 거품기로 골고루 섞어 놓는다.

02 | 완성된 소스를 소스 통에 담아 밀봉 후 냉장보관한다.

진저 소스 *Sweet Ginger Sauce*

재료

마요네즈(mayonnaise) 3.2kg
오렌지 주스(orange juice) 1.9lt
겨자 소스(mustard sauce) 600ml
우유(milk) 500ml
생강즙(ginger juice) 100ml
후추(pepper) 3g, 소금(salt) 3g

만드는 법

01 | 마요네즈, 오렌지원액, 생강즙, 겨자 소스를 믹싱 볼에 담고 거품기로 저어준다.

02 | 우유를 넣고 골고루 섞이게 거품기로 저어 농도를 맞춘 후 소금, 후추를 넣어 간을 하여 완성한다.

03 | 소금, 후추로 양념하여 사용한다.

푸 팥 퐁가리 소스 *Poo Pad Pong Haree Sauce*

재료

토마토 홀(tomato whole) 2can
깐 마늘(garlic) 400g
깐 양파(onion) 4개
커리 파우더(curry powder) 250g
굴 소스(oyster sauce) 100ml
레드 커리 페이스트(red curry paste) 300g
설탕(sugar) 400g
피시소스(fish sauce) 150ml
아이미(ami) 40g
치킨 스톡(chicken stock) 800ml
소금(salt) 40g

만드는 법

01 | 마늘, 양파는 다져 놓는다. 토마토 홀은 캔을 따서 준비해 둔다.

02 | 팬에 기름을 두르고 양파와 마늘을 볶아준다. 믹서기에 토마토 홀과 볶은 양파 마늘을 넣고 갈아준다.

03 | 소스 볼에 모든 재료를 넣고 타지 않도록 저으면서 약 20분간 끓여 준다.

칠리 소스 Chili Sauce

재료

깐 마늘(garlic) 100g, 깐 생강(ginger) 50g
케첩(tomato ketchup) 2can
두반장(soybeen paste) 1.5btl
버터(butter) 100g
치킨 스톡(chicken stock) 2lt
소금(salt) 3g

만드는 법

01 | 마늘, 생강, 양파는 칼로 잘게 다진다.

02 | 팬을 달군 후 버터를 넣어 녹인다. 다진 마늘과 양파, 생강을 넣고 저으면서 볶아준다.

03 | 케첩, 두반장, 치킨 스톡을 넣고 약한 불에서 25~30분 정도 졸인다. 팬의 바닥에 붙지 않도록 저어준다.

04 | 두반장이 들어가므로 맛을 보고 양념하여 사용한다.

레드 커리 소스 Red Curry Sauce

재료

치킨 스톡(chicken stock) 6.5lt
코코넛 밀크(coconut milk) 5can
그린 커리 페이스트(green curry paste) 1kg
코코넛 크림(coconut cream) 4can
피시 소스(fish sauce) 100ml
휘핑 크림(whipping cream) 3pk
굴 소스(oyster sauce) 200ml
레몬 주스(lemon juice) 100ml
소금(salt) 3g

만드는 법

01 | 믹싱 볼에 치킨 스톡을 넣고 레드 커리 페이스트를 넣어 거품기로 풀어준다.

02 | 코코넛 크림, 코코넛 밀크, 휘핑 크림 굴 소스를 넣고 계속 저어주며 끓인다(약 30분 정도).

03 | 피시 소스로 간을 한 후 거품을 건어낸다.

땅콩 소스 *Pinut Sauce*

재료

조미 땅콩 2kg
치킨 스톡(chicken stock) 1.5lt
땅콩버터 300g
레드 커리 페이스트(red curry paste) 500g
코코넛 밀크(coconut milk) 2can
코코넛 크림(coconut cream) 1.5can
휘핑 크림(whipping cream) 1pk
굴 소스(oyster sauce) 75ml
고추기름(red chili oil) 100ml
소금(salt) 3g

만드는 법

01 | 팬을 달구어 분쇄기에 넣어 곱게 간다.

02 | 팬을 달군 후 칠리오일, 땅콩가루, 땅콩버터, 레드 커리 페이스트를 넣고 나무주걱 섞어가며 약 3분 정도 볶아준다.

03 | 치킨 스톡, 코코넛 크림, 코코넛 밀크, 휘핑 크림을 넣고 중불에서 끓인다.

04 | 타지 않도록 조심해서 약 20분 정도 끓여야 한다.

그린 커리 원액 *Basic Green Curry*

재료

닭뼈(chicken bone) 10kg
스지(trimmin) 20kg, 양파(onion) 3kg
당근(carrot) 3kg, 생강(ginger) 1kg
마늘(garlic) 1kg
월계수 잎(bay leaf) 20g
S&B 카레분(curry powder) 6can
그린 커리 페이스트(green curry paste) 1.2kg
코코넛 밀크(coconut milk) 5can
코코넛 크림(coconut cream) 3can
피시 소스(fish sauce) 5btl
휘핑 크림(whipping cream) 3pk
굴 소스(oyster sauce) 3btl
루(roux) 2kg, 소금(salt) 30g

만드는 법

스톡 끓이기

01 | 닭뼈를 약 5시간 정도 흐르는 물에 핏기를 빼고 물을 제거하여 놓는다. 200℃도 오븐에서 갈색이 나게 굽는다. 양파와 당근도 팬에 깔아 오븐에 갈색이 나도록 굽는다.

02 | 스톡 통에 닭뼈와 양파, 당근, 생강, 마늘 월계수 잎 등을 넣고 중불에서 약 6시간 정도 끓인다.

커리 끓이기

01 | 루를 제외한 나머지 재료를 육수에 넣어 잘 섞어준다(이때 나무주걱으로 휘저으면서 조금씩 잘 섞는다).

02 | 나무주걱으로 계속 휘저으며 10분 정도 끓인 후 루(roux)를 넣어 농도를 맞춘다.

03 | 체를 받쳐 커리를 거른 후 준비하여 사용한다.

그린 커리 소스 Green Curry Sauce

재료

그린 커리원액(basic green curry) 7lt
S&B 카레분(curry powder) 30g
그린 커리 페이스트(green curry paste) 30g
코코넛 밀크(coconut milk) 2can
코코넛 크림(coconut cream) 1can
치킨 스톡(chicken stock) 300ml
레몬 주스(lemon juice) 350ml
건 고추(dry red chili) 15g
휘핑 크림(whipping cream) 1pk
소금(salt) 30g

만드는 법

01 | 모든 재료를 육수에 넣어 잘 섞어준다(이때 나무주걱으로 휘저으면서 조금씩 잘 섞는다).

02 | 소스 팬에 담아 낮은 불에서 타지 않도록 나무주걱으로 계속 휘저으며 20분 정도 끓이면서 농도와 맛을 맞춘다.

03 | 체를 받쳐 커리를 거른 후 준비하여 사용한다.

해산물 쌀국수 국물 Rad Na Talay

재료

치킨뼈(chicken bone) 3kg, 양파(onion) 200g, 생강(ginger) 50g
대파(leek) 100g, 당근(carrot) 100g, 셀러리(celery) 50g
마늘(garlic) 50g, 고수줄기(coriander stalk) 150g, 정종(rice wine) 50ml

만드는 법

01 | 닭뼈는 핏물을 제거하여 오븐에 구워 색을 내어 놓는다.

02 | 양파, 당근, 대파를 색을 내어 놓는다.

03 | 통에 모든 재료를 넣고 끓어오르면 불을 줄여 은근하게 끓여 걸러준다.

04 | 다시 끓이면서 소금과 미원 등을 넣어 맛을 내어 완성한다.

나시고랭 소스 *Nasi Goreng Sauce*

재료

양파(onion) 1kg, 간 마늘(garlic) 150g
홍고추(red chili) 300g
고수줄기(coriander stalk) 150g
케첩(ketchop) 1lt
건새우(dry shrimp) 60g
칠리 페이스트(chili paste) 150g
블랙 소야 소스(black soya sauce) 3tsp
혼다시(hondasi) 30g
피쉬 소스(fish sauce) 600ml
치킨 스톡(chicken stock) 600ml
소금(salt) 3g

만드는 법

01 | 양파는 칼로 크게 4등분하여 놓는다. 홍고추는 꼭지를 제거한다.

02 | 건 새우는 믹서기로 잘게 갈아둔다. 양파와 고추는 믹서기에 담고 피쉬 소스를 부어 곱게 갈아준다.

03 | 믹싱 볼에 모든 재료를 담아 거품기로 저어 골고루 섞어 완성한다.

04 | 소스 통에 담아 냉장보관한다.

제7장

기타 여러 가지 소스

황금알을 낳는 소스 황금알을 낳는 소스 황금알을 낳는 소스 황금알을 낳는 소스

07
제7장

기타 여러 가지 소스

마늘 허브 버터 소스

재료

버터(butter) 100g, 마늘(garlic) 10g, 샬롯(shallot) 10g
파슬리(parsely) 20g, 레몬 주스(lemon juice) 30ml
소금, 후추(salt, pepper) 조금

만드는 법

01 | 버터를 크림이 될 때까지 위퍼로 친다.

02 | 마늘을 살짝 삶아 으깨어 놓는다. 샬롯과 파슬리는 각각 다져 놓는다. 재료를 버터에 넣고 섞어준다.

03 | 여기에 레몬 주스와 소금, 후추로 양념하여 사용한다.

닭고기 마늘 소스

재료

파 다진 것(chive chop) 30g, 마늘 다진 것(garlic chop) 30g
푸른 피망(green pimento) 30g, 붉은 피망(red pimento) 30g
양파(onion chop) 30g, 육수 또는 물(stock) 150g, 간장(soy sauce) 20g
굴 소스(oyster sauce) 15g, 설탕(sugar) 60g, 식초(vinegar) 60g
정종(rice wine) 30g, 파기름(leek oil) 15ml, 소금, 후추(salt, pepper) 조금

만드는 법

01 | 팬을 달구고 파기름을 두른 다음 파, 마늘 다진 것을 볶다가 정종을 부어 향을 내고 썰어 놓은 피망, 양파를 넣어 볶는다.

02 | 여기에 육수, 간장, 식초, 설탕, 굴 소스, 후춧가루를 순서대로 넣어 소스를 만든다.

키위 시트러스 소스 *Kiwi Citrus Sauce*

재료 산출량 150ml

키위(kiwi fruit) 200g, 진(gin) 20ml, 시트러스 소스(citrus sauce) 30g
드라이 버무스(dry vermouth) 20cc, 라임 슬라이스(lime slices) 15g
소금, 후추(salt, pepper) 조금

만드는 법

01 | 키위 껍질을 벗겨 갈아 놓는다.

02 | 팬에 진과 버무스를 넣어 졸인다.

03 | 라임 껍질을 벗겨 슬라이스하여 놓는다. 팬에 오일을 녹인 후 라임을 넣고 부드러워질 때까지 데친다. 여기에 백포도주를 넣어 졸여준다.

사과 소스 *Apple Sauce*

재료

사과(apple) 1/2ea
버터(butter) 20g
설탕(sugar) 10g
계피가루(cinnamon powder) 약간
소금(salt) 조금

만드는 법

01 | 사과의 씨와 껍질을 제거한다.

02 | 사과는 0.2~0.3cm의 두께로 저민다. 소스 팬에 버터를 두르고 사과를 넣고 살짝 볶는다.

03 | 설탕, 소금, 계피가루를 넣고 사과가 잠길 정도의 물을 부은 다음 뚜껑을 덮고 끓인다.

04 | 끓으면 거품을 걷어내고 불을 줄여 은근히 끓인다.

05 | 사과가 졸여지면 체에 걸러서 소스로 사용한다.

머스타드 소스 *Mustard Sauce*

재료

디종 머스타드(dijon mustard) 120g, 백포도주(white wine) 40g
로즈마리 다진 것(rosemary fine chop) 3g, 후추(pepper) 2g

만드는 법

01 | 큰 믹싱 볼에 디종 머스타드와 아주 가늘게 다진 로즈마리를 섞는다.

02 | 잘 섞은 후에 와인을 붓는다.

03 | 머스타드가 짜기 때문에 소금은 많이 넣지 말아야 한다.

살구 소스 *Apricot Sauce*

재료

살구(apricot) 200g, 다진 양파(onion chop) 40g, 설탕(sugar) 30g
식초(vinegar) 20ml, 매운 카레가루(hot curry powder) 30g
머스타드씨(mustard seed) 10g

만드는 법

01 | 위의 재료들을 커다란 소스 팬에 넣고 설탕이 녹을 때가지 잘 섞어가며 끓인다.

02 | 중간 불에서 약 30분가량 계속 저어가며 걸쭉해질 때까지 끓인다.

03 | 완전히 식힌 후 뚜껑이 있는 용기에 담아 공기가 들어가지 않도록 뚜껑을 꼭 닫아 냉장고에 보관한다.

살구 소스는 만든 지 약 3~4주 후에 먹을 때 가장 맛이 좋다. 특유의 달콤한 맛을 특징으로 하며 닭고기나 쇠고기, 햄 등 고기류와 잘 어울린다. 지나치게 많이 발라 소스의 단맛이 너무 많으면 맛이 오히려 떨어질 수 있다.

생강을 곁들인 호박과 사과 소스 *Pumpkin and Apple Chutney with Ginger*

재 료

늙은 호박(pumpkin) 350g, 사과(apple) 350g, 서양 양파(shallot) 200g
다진 마늘(garlic) 30g, 레몬 껍질(lemon skin) 30, 정향(clove) 5g
다진 생강(ginger chop) 20g, 인도네시안 생강(tumeric)가루 50g
마른 고수(coriander)가루 20, 설탕(sugar) 200g, 소금(salt) 3g
사과식초(apple cider) 100g, 계피가루(cinnamon powder) 5g
올리브 오일(olive oil) 50ml

만 드 는 법

01 | 늙은 호박과 사과는 껍질을 벗겨 잘게 다지고 파, 마늘, 레몬 껍질도 잘게 다진다.

02 | 커다란 소스 팬에 올리브 오일을 붓고 다진 파와 마늘을 넣어 갈색이 되기 전까지 볶는다.

03 | 여기에 호박과 사과를 넣고 분량의 다진 생강, 인도네시안 생강가루, 레몬 껍질, 마른 고수가루, 설탕, 식초를 넣고 잘 저어준다. 이때 불을 조금 세게 조절하고 재료가 잘 섞이도록 10분간 저은 후 계핏가루, 정향, 소금을 넣는다.

04 | 모든 재료들이 잘 익었다고 판단되면 불을 줄인 후 약 1시간 정도 졸인다.

깨끗이 닦아 물기를 없앤 병에 완성된 소스를 뜨거운 상태로 담은 후 곧바로 비닐 랩으로 씌운 뒤 뚜껑을 닫는다. 이때 뚜껑은 공기가 통하지 않도록 단단히 밀봉하도록 한다.
서늘한 장소에 잘 보관하여 4주가 지나면 비로소 맛 좋게 숙성된 소스가 완성된다. 이렇게 숙성된 소스는 보관만 잘 하면 1년 이상 두고두고 사용할 수 있다. 이 소스는 훈제 돼지고기나 로스트 비프, 치킨 등 고기류와 잘 어울린다.

모렐 소스 *Morel Sauce*

재료

모렐 드라이(morel dry) 30g, 프레쉬 크림(fresh cream) 100ml
소스 노르망디(normande sauce) 200ml, 양파(onion) 40g
모렐 스톡(morel stock) 50ml, 트뤼플 스톡(truffle stock) 50ml
소금, 후추(salt, pepper) 조금

만드는 법

01 | 모렐을 깨끗이 씻어 물에 하루 정도 담가 놓는다. 물을 우려내기 위해서이다.

02 | 양파는 다져 놓는다. 팬을 달구어 양파를 볶은 다음 트뤼플 스톡과 모렐 스톡을 넣어 졸인다. 여기에 노르망디 소스를 넣어 졸여 준다.

03 | 생크림을 넣어 약간 졸여주고 소금, 후추로 맛을 낸다.

크림 참치 소스 *Creamy Tunafish Sauce*

재료 산출량 300ml

마늘(garlic) 10gr, 계란(egg) 1ea, 레몬 주스(lemon juice) 15cc
프레쉬 크림(fresh cream) 150ml, 올리브 오일(olive oil) 100ml
앤초비 필렛(anchovy fillet) 10g, 케이퍼(caper) 10g
소금, 후추(salt, pepper) 조금

만드는 법

01 | 앤초비와 참치 캔을 각각 곱게 다져 놓는다.

02 | 볼에 계란 노른자를 넣고 올리브 오일을 넣으면서 돌려 마요네즈처럼 만든다.

03 | 생크림과 다진 케이퍼, 소금, 후추로 양념하여 사용한다.

머스타드 딜 소스 *Mustard Dill Sauce*

재료

디종 머스타드(dijon mustard) 20g, 백포도주(white wine) 50ml
버터(butter) 10g, 치킨 스톡(chicken stock) 100ml, 크림(cream) 20ml
프레쉬 딜(fresh dill) 2g, 차이브(chive) 2g

만드는 법

01 | 큰 믹싱 볼에 디종 머스타드와 모든 재료를 섞고 아주 가늘게 다진 딜을 섞는다.

02 | 잘 섞은 후에 와인을 붓는다.

03 | 머스타드가 짜기 때문에 소금은 많이 넣지 말아야 한다.

아이올리 소스 *Aioli Sauce*

재료

구운 마늘(roasted garlic) 100g, 생마늘(fresh garlic clove) 1ea
계란 노른자(egg yolk) 90g, 레몬 주스(lemon juice) 5ml
올리브오일(olive oil) 250g, 소금, 후추(salt, pepper) 조금

만드는 법

01 | 작은 그릇에 계란 노른자와 마늘 그리고 오일을 제외한 나머지 재료들을 잘 섞는다.

02 | 잘 섞은 후 믹서기에 넣고 충분히 갈아준다. 믹서기에 중간 정도로 돌려 계속해서 올리브 오일을 천천히 넣어준다.

03 | 마요네즈 상태가 완성되면 마늘 냄새를 위해 1개 정도 넣는 것도 좋다.

사이다 머스타드 소스 *Cider Mustard Sauce*

재료

양파 다진 것(chop onion) 120g, 설탕(sugar) 10g, 버터(butter) 10g
사과 사이다(apple cider) 360cc, 프레쉬 크림(fresh cream) 300cc
잉글리쉬 머스타드(English mustard) 10g
사과 썰은 것(apple cut dice) 20g

만드는 법

01 | 양파를 다져 놓는다. 팬에 버터를 넣고 설탕과 양파를 넣고 색이 날 때까지 볶는다.

02 | 여기에 머스타드, 사과 식초를 넣고 졸여준다. 그리고 생크림을 넣고 약 300cc가 될 때까지 더 졸여준다.

03 | 불에서 내려 디종 머스타드를 넣고 위퍼로 잘 저어주면서 소금, 후추로 양념하여 준다.

요거트 오이 소스 *Youghurt Cucumber Sauce*

재료

요거트(youghurt) 100ml, 오이(cucumber grated) 50g
딜 다진 것(Dill chop) 3g, 레몬 주스(Lemon Juice) 10ml

만드는 법

01 | 오이를 잘 씻어 물기를 제거한 후 갈아 놓는다.

02 | 딜을 다져 놓고 같이 모두 섞어 사용한다.

화지타 소스 *Tajita Sauce*

재료

건고추(dry red chili) 50g, 양파(onion) 100g, 소금(salt) 30g
오레가노 파우더(oregano powder) 15g, 마늘 다진 것(garlic chop) 50g
치킨 스톡(chicken stock) 1000ml, 파프리카(paprika) 30g
토마토 페이스트(tomato paste) 100g, 우수터 소스(worcester) 80ml
타바스코 소스(tabasco sauce) 50g, 고춧가루(chili powder) 15g
블랙 페퍼 그라운드(black pepper) 25g, 바질 파우더(basil powder) 20g
식초(vinegar) 200ml, 소고기 다시다(beef dasida) 20g
흑설탕(brown sugar) 100g, 굴 소스(oyster sauce) 20ml

만드는 법

01 | 건고추는 믹서기에 갈아 다져 놓는다.

02 | 양파는 슬라이스해서 살짝 볶아 식혀 놓는다.

03 | 모든 재료를 믹서기에 넣고 갈아준다.

요거트 머스타드 소스 *Youghurt Mustard Sauce*

재료

프레인 저지방 요거트(plain low fat youghurt) 80ml
프레쉬 허브 다진 것(fresh herbs chop) 5g
프레쉬 차이브(fresh chives) 10g, 오렌지 필(orange peel) 20g
백포도주(white wine) 100ml, 샬롯 다진 것(shallot chop) 50g
디종 머스타드(dijon mustard) 10g
으깬 검은 통후추(cracked black pepper) 조금

만드는 법

01 | 허브와 차이브는 다져 놓는다. 오렌지 껍질을 벗겨 얇고 길게 썰어 놓는다.

02 | 샬롯을 다져 팬에 볶은 다음 와인을 부어 졸여준다. 치킨 스톡을 끓여 놓는다.

03 | 요거트를 넣고 가볍게 끓여준다. 소스를 내줄 때 다진 허브와 차이브를 넣어 내준다.

사과 마늘 소스 *Apple & Garlic Sauce*

재료

사과(apple) 2ea, 마늘(garlic) 3쪽, 올리브 오일(olive oil) 30ml
레몬즙(lemon juice) 90ml, 소금, 후추(salt, pepper) 조금

만드는 법

01 | 사과의 씨와 껍질을 제거한다.

02 | 마늘은 껍질을 제거하여 꼭지를 잘라낸다.

03 | 믹서기에 모든 재료를 넣고 갈아준다.

채소 퓨레 마늘 소스 *Vegetable Puree Garlic Sauce*

재료

마늘(garlic clove) 10쪽, 양파(onion) 1개, 당근(carrot) 1개
올리브 오일(olive oil) 50ml, 식초(vinegar) 75ml
치킨 스톡(chicken stock) 50ml, 프로방스 허브(provence herbs) 5g
소금, 후추(salt, pepper) 조금

만드는 법

01 | 오븐 온도를 200℃로 예열한다. 마늘, 당근, 양파를 오븐에 넣어 타지 않도록 부드럽게 익힌다. 약 10분간 정도 굽는다.

02 | 익은 채소를 믹서기에 넣고 닭고기 국물, 오일, 식초, 허브 등을 넣어 갈아준다.

03 | 자루 냄비에 갈아진 퓨레를 넣고 3~4분간 불 위에서 끓여준다. 다양한 용도로 사용할 수 있다.

Memo

제8장

처트니(Chutney)

처트니(Chutney)

황금알을 낳는 소스 황금알을 낳는 소스 황금알을 낳는 소스 황금알을 낳는 소스

08
제8장

처트니 Chutney

처트니는 과일이나 채소 등을 식초나 와인 또는 설탕, 기타 부재료를 이용, 조리하여 소스 등으로 사용할 수 있으며, 오래 보존할 수 있는 장점이 있다. 음식의 소화 촉진은 물론이거니와 냄새 제거에도 도움을 주는 향미를 가지고 있다.

과일이나 채소를 다지거나 통째로 조리하여 주스가 너무 많지 않은 약간 되직한 상태로 만드는 것이 좋다. 조리 시간은 재료의 양에 따라 다르지만 수분의 상태에 따라서 1~4시간 정도면 된다.

사계절 처트니 *All-Year-Round Chutney*

재료

사과(apple) 450g, 양파(onion) 450g
건포도(raisin) 450g
황설탕(brown sugar) 450g
생강(ginger) 5g, 올스파이스(allspice) 5g
소금(salt) 15g, 후추(black pepper) 3g
레드와인 식초(red wine vinegar) 600ml

만드는 법

01 | 모든 재료를 계량하여 놓고, 양파와 사과는 껍질을 벗겨 사각으로 썰어 놓는다.

02 | 생강을 곱게 다져 놓는다.

03 | 모든 재료를 깊은 소스 팬에 넣고 약 1시간 정도 은근하게 졸여준다.

푸른 토마토 처트니 *Green Tomato Chutney*

재료

사과(apple) 450g, 양파(onion) 225g
푸른 토마토(green tomato) 1.4kg
건포도(rasin) 225g
황설탕(brown sugar) 450g
생강(ginger) 4pc, 소금(salt) 15g
머스타드 가루(mustard powder) 5g
케이엔 후추(cayenne pepper) 3g
식초(wine vinegar) 450ml

만드는 법

01 | 모든 재료를 계량하여 놓고, 양파와 사과는 껍질을 벗겨 사각으로 썰어 놓는다.

02 | 푸른 토마토는 껍질째 작은 사각으로 썰어 놓는다.

03 | 모든 재료를 깊은 소스 팬에 넣고 약 1시간 정도 은근하게 졸여준다.

가지와 사과 처트니 *Aubergine and Apple Chutney*

재료

가지(aubergine) 350g, 사과(apple) 225g, 양파(onion) 175g
푸른 토마토(green tomato) 450g, 마늘 다진 것(garlic chop) 15g
건포도(rasin) 100g, 황설탕(brown sugar) 175g, 생강(ginger) 4pc
머스타드 가루(mustard powder) 5g, 소금(salt) 5g
피클링 스파이스(pickle spice) 10g, 식초(wine vinegar) 300ml

만드는 법

01 | 모든 재료를 계량하여 놓고, 양파와 사과는 껍질을 벗겨 사각으로 썰어 놓는다.

02 | 가지, 토마토는 껍질째 작은 사각으로 썰어 놓는다.

03 | 가지, 토마토, 사과와 양파, 마늘을 소스 팬에 넣어 중간 정도 익힌 다음 건포도와 설탕, 소금, 식초를 넣어 졸여준다. 이때 피클링 스파이스는 천에 묶어 넣어준다.

04 | 뚜껑을 덮지 않은 상태에서 끓이고 다 되면 피클링 스파이스를 꺼내 버리고 처트니는 식혀서 저장한다.

매운 인디언 처트니 *Hot Indian Chutney*

재료 산출량 2kg

파프리카(paprika powder) 30g
사과(apple) 700g
양파(onion) 450g
마늘 다진 것(garlic chop) 15g
건포도(rasin) 100g
황설탕(brown sugar) 175g
갈은 생강(ground ginger) 30g
머스타드 가루(mustard powder) 45g
소금(salt) 15g
코리안더 가루(ground coriander) 10g
식초(wine vinegar) 450ml

만드는 법

01 | 모든 재료를 계량하여 놓고, 양파와 사과는 껍질을 벗겨 사각으로 썰어 놓는다.

02 | 파프리카는 작은 사각으로 썰어 놓는다. 생강은 갈아 놓는다.

03 | 뚜껑을 덮지 않은 상태에서 끓이고 다 되면 식혀서 저장한다.

토마토와 고추 처트니 *Tomato and Red Pepper Chutney*

재료

파프리카(paprika powder) 5g
토마토(tomato) 900g
양파(onion) 225g
붉은 고추(red chili) 1ea
붉은 피망(red pepper) 1ea
황설탕(brown sugar) 175g
칠리 가루(chili powder) 5g
소금(salt) 15g
식초(wine vinegar) 300ml

만드는 법

01 | 모든 재료를 계량하여 놓고, 양파는 껍질을 벗겨 사각으로 썰어 놓는다.

02 | 잘 익은 토마토는 껍질을 벗겨 사각으로 썰고, 고추는 씨를 뺀 다음 얇게 썰고, 피망은 작은 사각으로 썰어 놓는다.

03 | 뚜껑을 덮지 않은 상태에서 끓이고 다 되면 식혀서 저장한다.

토마토와 양파 처트니 *Tomato and Onion Chutney*

재료

머스타드씨(musrard seed) 15g
토마토(tomato) 900g
양파(onion) 450g
마늘 다진 것(garlic chopped) 1ea
사과(apple) 900g
건포도(rasin) 225g
황설탕(brown sugar) 350g
커리 가루(curryi powder) 25g
소금(salt) 15g
식초(wine vinegar) 90ml

만드는 법

01 | 모든 재료를 계량하여 놓고, 양파, 사과는 껍질을 벗겨 사각으로 썰어 놓는다.

02 | 잘 익은 토마토는 껍질을 벗겨 사각으로 썰고, 마늘은 다져 놓는다.

03 | 머스타드씨는 천에 싸서 같이 끓인다.

04 | 뚜껑을 덮지 않은 상태에서 즙이 거의 없을 때까지 끓이고 다 되면 식혀서 저장한다.

사탕무우 처트니 *Beetroot Chutney*

재료

비트(beet root) 1.4kg, 사과(apple) 900g
양파(onion) 450g, 설탕(sugar) 1.1kg
갈은 생강(ground ginger) 30g
소금(salt) 30g, 식초(vinegar) 1.1kg
갈은 생강(ground ginger) 30g
레몬 주스(lemon juice) 15ml

만드는 법

01 | 모든 재료를 계량하여 놓고, 양파, 사과는 껍질을 벗겨 사각으로 썰어 놓는다.

02 | 비트는 껍질을 벗겨 강판에 갈아 놓는다. 또는 사각으로 썰어 놓는다.

03 | 뚜껑을 덮지 않은 상태에서 즙이 거의 없을 때까지 끓이고 다 되면 식혀서 저장한다.

호박 처트니 *Pumpkin Chutney*

재료

단호박(sweet pumpkin) 900g
토마토(tomato) 450g, 양파(onion) 450g
마늘 다진 것(garlic chopped) 1ea
건포도(raisin) 50g
황설탕(brown sugar) 700g
올스파이스(allspice powder) 5g
소금(salt) 15g, 식초(wine vinegar) 15ml

만드는 법

01 | 모든 재료를 계량하여 놓고, 양파, 토마토는 껍질을 벗겨 사각으로 썰어 놓는다.

02 | 단호박은 껍질을 벗기고 씨를 빼내 주사위 모양으로 썰어 놓는다.

03 | 뚜껑을 덮지 않은 상태에서 즙이 거의 없을 때까지 끓이고 다 되면 식혀서 저장한다.

서양호박과 토마토 처트니 *Marrow and Tomato Chutney*

재료

서양호박(marrow) 1.4kg, 토마토(tomato) 450g, 양파(onion) 225g
마늘 다진 것(garlic chopped) 2ea, 건포도(raisin) 50g
갈은 생강(ground ginger) 10g, 설탕(sugar) 700g, 소금(salt) 30g
사이다 식초(cider vinegar) 750ml, 검은 후추(black pepper) 10g
올스파이스(allspice) 10ml

만드는 법

01 | 모든 재료를 계량하여 놓고, 양파, 토마토는 껍질을 벗겨 사각으로 썰어 놓는다.

02 | 서양호박은 껍질과 씨를 같이 사방 1cm 크기로 썰어 놓는다. 통후추는 으깨어 놓는다.

03 | 뚜껑을 덮지 않은 상태에서 즙이 거의 없을 때까지 끓이고 다 되면 식혀서 저장한다.

구주베리 처트니 *Gooseberry Chutney*

재료

구주베리(gooseberry) 900g, 대추야자(dates) 170g, 양파(onion) 175g
머스타드씨(mustard seed) 25g, 황설탕(sugar) 225g, 소금(salt) 15g
식초(vinegar) 60ml, 마늘(garlic) 15g

만드는 법

01 | 모든 재료를 계량하여 놓고, 양파, 사과는 껍질을 벗겨 사각으로 썰어 놓는다.

02 | 뚜껑을 덮지 않은 상태에서 즙이 거의 없을 때까지 끓이고 다 되면 식혀서 저장한다.

서양호박과 사과 처트니 *Marrow and Apple Chutney*

재료

서양호박(marrow) 1.8kg, 사과(apple) 900g, 양파(onion) 450g
갈은 생강(ground ginger) 10g, 설탕(sugar) 700g, 소금(salt) 30g
식초(vinegar) 750ml, 피클링 스파이스(pickling spice) 15g

만드는 법

01 | 모든 재료를 계량하여 놓고, 양파, 사과는 껍질을 벗겨 사각으로 썰어 놓는다.

02 | 서양호박은 작은 사각으로 잘라 소금을 뿌려 12 이상 놓아둔다.

03 | 소금기를 제거한 후 피클링 스파이스만 따로 보자기에 묶어 놓고 나머지 모든 재료를 넣는다.

04 | 뚜껑을 덮지 않은 상태에서 즙이 거의 없을 때까지 끓이고 다 되면 식혀서 저장한다.

파인애플 대추야자 처트니 *Pineapple and Date Chutney*

재료

사과(apple) 450g, 파인애플(pineapple) 1.4kg, 양파(onion) 225g
대추야자(date) 225g, 황설탕(sugar) 225g, 식초(vinegar) 60ml

만드는 법

01 | 모든 재료를 계량하여 놓고, 양파, 사과, 파인애플은 껍질을 벗겨 사각으로 썰어 놓는다.

02 | 뚜껑을 덮지 않은 상태에서 즙이 거의 없을 때까지 끓이고 다 되면 식혀서 저장한다.

피망 처트니 *Spiced Pepper Chutney*

재료

붉은 피망(red pepper) 4ea, 푸른 피망(green pepper) 2ea
사과(apple) 450g, 양파(onion) 450g, 토마토(tomato) 450g
갈은 올스파이스(ground allspice) 30g, 설탕(sugar) 1.1kg
소금(salt) 30g, 식초(vinegar) 1.1kg, 통후추(whole pepper) 30g
겨자씨(mustard seed) 15ml

만드는 법

01 | 모든 재료를 계량하여 놓고, 양파, 사과, 토마토는 껍질을 벗겨 사각으로 썰어 놓는다.

02 | 피망은 씨를 빼고 사각으로 다져 놓는다. 후추와 겨자씨는 천에 묶어서 넣는다.

03 | 뚜껑을 덮지 않은 상태에서 즙이 거의 없을 때까지 끓이고 다 되면 식혀서 저장한다.

배와 레몬 처트니 *Pear and Lemon Chutney*

재료

배(pear) 1.8kg, 건포도(raisin) 350g, 양파(onion) 450g, 황설탕(sugar) 225g
생강 다진 것(ginger chop) 50g, 마른 고추(dry chili) 6ea, 소금(salt) 30g
식초(vinegar) 1.1kg, 마늘(garlic) 30g, 통크로브(whole clove) 4개

만드는 법

01 | 모든 재료를 계량하여 놓고, 양파, 배는 껍질을 벗겨 사각으로 썰어 놓는다.

02 | 생강은 다져 놓는다. 마늘, 고추, 크로브 천에 묶어서 넣는다.

03 | 뚜껑을 덮지 않은 상태에서 즙이 거의 없을 때까지 끓이고 다 되면 식혀서 저장한다.

매운 망고 처트니 *Spicy Mango Chutney*

재료

망고(mango) 1.1kg, 생강(ginger) 25g, 붉은 고추(red chili) 3ea
푸른 고추(green chili) 3ea, 양파(onion) 175g, 소금(salt) 15g
계피가루(Cinnamon powder) 25g, 황설탕(sugar) 225g
식초(vinegar) 60ml, 마늘(garlic) 15g

만드는 법

01 | 모든 재료를 계량하여 놓고, 양파, 사과는 껍질을 벗겨 사각으로 썰어 놓는다.

02 | 고추는 씨를 제거하여 다져 놓는다. 망고는 껍질을 벗겨 작은 사각으로 썰어 놓는다.

03 | 뚜껑을 덮지 않은 상태에서 즙이 거의 없을 때까지 끓이고 다 되면 식혀서 저장한다.

단 망고 처트니 *Sweet Mango Chutney*

재료

망고(mango) 1.8kg, 건포도(raisin) 100g, 갈은 생강(grated ginger) 15g
마늘(garlic) 20g, 너트맥(nutmeg) 5g, 사과(apple) 225g
양파(onion) 225g, 설탕(sugar) 350g, 식초(vinegar) 600ml

만드는 법

01 | 모든 재료를 계량하여 놓고, 양파, 사과, 망고는 껍질을 벗겨 사각으로 썰어 놓는다.

02 | 뚜껑을 덮지 않은 상태에서 즙이 거의 없을 때까지 끓이고 다 되면 식혀서 저장한다.

오렌지와 사과 처트니 *Orange and Apple Chutney*

재료

오렌지(orange) 1.8kg, 건포도(raisin) 100g, 사과(apple) 225g
설탕(sugar) 350g, 식초(vinegar) 600ml

만드는 법

01 | 모든 재료를 계량하여 놓고, 사과는 껍질을 벗겨 사각으로 썰어 놓는다.

02 | 오렌지는 껍질을 벗겨 속을 빼내 듬성듬성 잘라 놓는다.

03 | 사과와 오렌지, 건포도를 넣고 식초 600ml를 넣은 후 뚜껑을 덮고 약 10분간 끓인다.

04 | 남은 설탕과 재료를 넣고 뚜껑을 덮지 않은 상태에서 즙이 거의 없을 때까지 끓이고 다 되면 식혀서 저장한다.

크랜베리 처트니 *Cranberry Chutney*

재료

딸기(cranberry) 200ml, 대추야자(date) 10g, 건포도(raisin) 450g
사과(apple) 1.4kg, 양파(onion) 1.4kg, 설탕(sugar) 700g
식초(vinegar) 600ml, 레몬 주스(lemon juice) 5ml

만드는 법

01 | 모든 재료를 계량하여 놓고, 양파, 사과는 껍질을 벗겨 사각으로 썰어 놓는다.

02 | 뚜껑을 덮지 않은 상태에서 즙이 거의 없을 때까지 끓이고 다 되면 식혀서 저장한다.

사과와 토마토 처트니 *Apple and Tomato Chutney*

재료

토마토(tomato) 900g
머스타드씨(muatsrd seed) 15g
커리가루(curry powder) 25g
마늘(garlic) 20g, 너트맥(nutmeg) 5g
사과(apple) 900g, 양파(onion) 350g
설탕(sugar) 350g, 식초(vinegar) 90ml
대추야자(date) 225g
카이엔 페퍼(cayenne pepper) 5g

만드는 법

01 | 모든 재료를 계량하여 놓고, 양파, 사과는 껍질을 벗겨 사각으로 썰어 놓는다. 토마토는 껍질째 얇게 썰어 놓는다. 마늘은 다져 놓는다.

02 | 머스타드씨는 천에 싸서 놓는다.

03 | 뚜껑을 덮지 않은 상태에서 즙이 거의 없을 때까지 끓이고 다 되면 식혀서 저장한다.

사과 처트니 *Apple Chutney*

재료

민트 젤리소스(mint jelly sauce) 200ml, 민트 다진 것(fresh mint chop) 10g
건포도(raisin) 450g, 사과(apple) 1.4kg, 양파(onion) 1.4kg
설탕(sugar) 700g, 식초(vinegar) 600ml, 레몬 주스(lemon juice) 5ml

만드는 법

01 | 모든 재료를 계량하여 놓고, 양파, 사과는 껍질을 벗겨 사각으로 썰어 놓는다. 민트는 다져 놓는다.

02 | 뚜껑을 덮지 않은 상태에서 즙이 거의 없을 때까지 끓이고 다 되면 식혀서 저장한다.

가지와 피망 처트니 Aubergine and Pepper Chutney

재료

민트 젤리 소스(mint jelly sauce) 200ml, 건포도(raisin) 450g
민트 다진 것(fresh mint chop) 10g, 사과(apple) 1.4kg
양파(onion) 1.4kg, 설탕(sugar) 700g, 식초(vinegar) 600ml
레몬 주스(lemon juice) 5ml

만드는 법

01 | 모든 재료를 계량하여 놓고, 양파, 사과는 껍질을 벗겨 사각으로 썰어 놓는다. 민트는 다져 놓는다.

02 | 뚜껑을 덮지 않은 상태에서 즙이 거의 없을 때까지 끓이고 다 되면 식혀서 저장한다.

디저트 소스(Dessert Sauce)

제9장

디저트 소스(Dessert Sauce)

황금알을 낳는 소스 황금알을 낳는 소스 황금알을 낳는 소스 황금알을 낳는 소스

09 제9장 디저트 소스 Dessert Sauce

디저트의 소스는 제품의 고급화와 고객의 기호 변화, 맛의 균형, 나아가 환상적인 맛을 내기 위한 요소로의 역할이 증가하고 있다.

소스를 만들 때 과일의 단맛, 신맛 그리고 선택한 과일의 색감을 이용한 시각적이고 미각적인 효과를 추구하여 새로운 맛을 창조해야 한다. 소스와 과일을 혼합한 드레싱은 앞으로 현대 양과자나 디저트의 필수적인 재료가 될 것이다. 본서에서는 3가지 기본 타입의 소스를 살펴보고자 한다.

1. Hard Sauce

버터크림에 슈거 파우더를 섞어서 만든 것으로 반드시 뜨거운 케이크 위에 올려서 녹아내리게 해야 한다.

2. Cream Sauce

우유, 달걀 노른자, 설탕, 물 그리고 양주와 향신료들을 섞어서 만든 부드러운 크림이다. 용도에 따라 더운 것과 찬 것으로 나눈다.

3. Fruit Sauce

액과류나 열대 과실류의 대부분이 소스의 재료로 쓰이며, 여기에는 가공된 주스도 포함된다. 잼을 가공한 것도 활용하고 경우에 따라서는 약간의 전분을 이용하기도 한다. 이것도 찬 것과 더운 것으로 구별해서 사용한다.

과일 기본 소스 *Basic Fruit Sauce*

재료 산출량 50인분

과일 퓨레(fruit puree) 1kg, 설탕가루(sugar powder) 1.2kg
레몬 주스(lemon juice) 1ea, 키르슈(kirsch) 15ml

만드는 법

01 | 기본 과일 소스의 소재료는 산딸기, 딸기, 블랙 커란트, 블루베리 등 다양하게 사용할 수 있다.

02 | 과일 퓨레, 슈가 파우더, 레몬 주스 등을 혼합하여 끓인다.

03 | 그런 다음 용기에 담아 자주 뒤집어 주면서 하루 정도 두었다가 냉장고에 보관 사용한다.

04 | 너무 오래 끓였거나 과일의 성분에 따라 농도가 맞지 않을 경우 슈가 시럽을 넣어 농도를 조절한다.

사바용 소스 *Sabyone Sauce*

재료 산출량 10인분

백포도주(white wine) 20ml, 설탕(sugar) 125g, 레몬(lemon) 1/2ea
오렌지(lemon juice) 1/2ea, 계란 노른자(egg yolk) 4ea, 바닐라(vanilla) 15ml

만드는 법

01 | 준비한 계란 노른자와 설탕, 백포도주를 넣어 중탕에서 거품기로 친다. 계란이 완전히 익기 전 90℃ 정도에서 중지한다.

02 | 뻣뻣해지면 내려서 레몬 주스와 오렌지 주스, 바닐라 향을 소량 첨가한다.

03 | 푸딩, 프리터, 배파이, 더운 과일, 샬로데 등의 디저트에 소스나 색을 내고자 할 때 사용한다.

앙글레즈 소스 *Anglaise Sauce*

재료 산출량 10인분

백포도주(white wine) 20ml, 설탕(sugar) 125g, 우유(milk) 1lt
생크림(fresh cream) 200ml, 계란 노른자(egg yolk) 10ea

만드는 법

01 | 설탕과 노른자를 섞어 크림을 만들고 여기에 바닐라를 섞은 다음 끓인 우유를 넣는다.

02 | ①을 80℃까지 가열한 다음 식힌다.

03 | ②에 양주나 다른 향을 넣어 사용한다.

04 | 사용할 때 생크림을 기포내어 혼합하여 사용한다.

멜바 소스 Melba Sauce

재료 산출량 100인분

냉동 라스베리(frozen raspberry) 400g, 물(water) 120ml
냉동 라스베리잼(raspberry jam) 400g, 전분(cornstarch) 60g
설탕가루(sugar powder) 80g, 레몬 주스(lemon juice) 1/2ea

만드는 법

01 | 산딸기는 물기를 제거하여 믹서기에 곱게 간다.

02 | 한번 간 산딸기에 설탕 파우더와 레몬 1/2개의 즙을 넣고 다시 갈아 준다.

03 | 고운 체에 내려서 냉장고 안에서 차게 보관하여 사용한다. 찬 것과 더운 것으로 구분하여 사용할 수 있다. 생과일이나 시럽에 삶은 과일과 바닐라 아이스크림과 이 산딸기 소스가 조화를 이룬 것을 멜바라 부른다.

바닐라 소스 Vanilla Sauce

재료 산출량 50인분

물(water) 2lt, 버터(butter) 300g, 설탕(sugar) 900g, 소금(salt) 2g
전분(cornstarch) 90g, 계란 노른자(egg yolk) 3ea, 바닐라(vanilla) 30ml

만드는 법

01 | 용기에 물을 끓여 준비한다. 설탕 500g과 전분, 소금을 냄비에 담아 혼합하여 끓는 물에 넣어 10분 정도 끓인다.

02 | 계란 노른자와 남은 400g을 설탕을 섞어 준비한 소스에 첨가한다. 계란 노른자를 섞을 때는 빨리 저어야 달걀이 응고되지 않는다.

03 | 불에서 소스를 내려놓고 버터와 바닐라를 넣어 젓는다.

04 | 농도를 보아가며 물을 가감하여 사용한다.

오렌지 소스 *Orange Sauce*

재료 산출량 50인분

오렌지 주스(orange juice) 600ml
키르슈(kirsch) 5ml
설탕(sugar) 50g
전분(cornstarch) 30g
레몬 주스(lemon juice) 3ea

만드는 법

01 | 오렌지는 즙을 내서 사용한다.

02 | 오렌지 주스 300ml, 설탕을 끓여 졸인 다음 전분을 풀어 농도를 맞추어 식혀 놓는다.

03 | 나머지 700ml의 오렌지 주스와 끓여서 식힌 오렌지 주스와 섞어 고운 체에 내려 kirsch와 레몬 주스를 섞어서 차게 보관하여 사용한다.

커스타드 소스 *Custard Sauce*

재료 산출량 10인분

계란 노른자(egg yolk) 600ml, 버터(butter) 20g, 설탕(sugar) 150g
전분(cornstarch) 30g, 우유(milk) 3ea, 바닐라(vanilla) 30ml

만드는 법

01 | 용기에 설탕과 전분을 혼합하여 노른자와 함께 거품기로 젓는다.

02 | 달걀을 첨가하여 완전히 섞는다.

03 | 우유를 끓여 중탕하면서 바닐라 향을 넣으면 소스가 된다.

04 | 용기를 옮겨 중탕하면서 바닐라 향을 넣으면 소스가 된다.

05 | 농도는 우유나 생크림으로 조절하여 사용한다.

딸기 소스 Strawberry Sauce

재료 산출량 50인분

딸기(strawberry) 400g, 라스베리(raspberry) 600g
설탕가루(sugar powder) 400g, 레몬 주스(lemon juice) 150ml

만드는 법

01 | 산딸기와 딸기를 깨끗하게 씻어 물기를 닦아준다.

02 | 과일을 믹서기에 갈아준 뒤 분당과 레몬즙을 넣고 갈아서 고운 체에 내려 용기에 담고 뚜껑을 덮어 냉장고에 차게 보관하여 사용한다.

초콜릿 소스 Chocolate Sauce

재료 산출량 50인분

코코아 파우더(cocoa powder) 450g, 버터(butter) 300g, 물(water) 1.8lt
바닐라(vanilla) 조금, 설탕가루(sugar) 400g, 럼(rum) 조금
계피 가루(cinnamon powder) 조금

만드는 법

01 | 팬에 물을 넣고 설탕을 넣어 끓여서 시럽을 만들어 놓는다.

02 | 코코아 가루에 녹인 버터를 ①에 넣어 혼합시킨다.

03 | 시럽을 코코아 버터에 조금씩 넣으면서 저은 후 얼음물에 차게 하여 바닐라 향이나 럼, 계피 가루 등을 넣어 맛을 조절한다.

잼(Jam)

제10장

잼(Jam)

황금알을 낳는 소스 황금알을 낳는 소스 황금알을 낳는 소스 황금알을 낳는 소스

10 제10장 잼 Jam

잼은 식품을 보다 더 오래 저장하고 맛을 내어 식탁을 풍부하게 할 수 있는 것 중 하나이다. 특히 수확기의 넘쳐나는 과일 등을 활용할 수 있는 장점이 있다.

딸기 잼 Strawberry Jam

재료

잎사귀를 제거한 딸기 900g, 펙틴이 첨가된 설탕 1kg
레몬 주스(lemon juice) 1/2ea

만드는 법

01 | 딸기는 물기를 제거 후 레몬 주스와 설탕을 넣어 서서히 끓이면서 자주 저어준다.

02 | 다시 은근히 뭉그러질 때까지 끓여준다.

03 | 거품을 제거하여 15~20분 정도 놓아둔다.

04 | 잼을 서서히 저어 식힌 다음 병에 담아 밀봉한다.

라스베리 딸기 잼 *Raspberry Jam*

재료

잎사귀를 제거한 딸기 900g, 펙틴이 첨가된 설탕 1kg
레몬 주스(lemon juice) 1/2ea

만드는 법

01 | 딸기는 물기를 제거 후 레몬 주스와 설탕을 넣어 서서히 끓이면서 자주 저어준다.

02 | 다시 은근히 뭉그러질 때까지 끓여준다.

03 | 거품을 제거하여 15~20분 정도 놓아둔다.

04 | 잼을 서서히 저어 식힌 다음 병에 담아 밀봉한다.

피클 *Pickle*

재료

물(water) 1.1lt, 식초(vinegar) 1.1lt
설탕(sugar) 200g
피클 스파이스(pickle spice) 60g
계수나무 껍질(cinnamon stick) 1개
통후추(whole pepper) 6개
마른 홍고추(dry red chili) 4개
월계수 잎(bay leaf) 2개

만드는 법

01 | 오이를 굵은 소금으로 문질러 놓는다. 통후추와 스파이스는 망으로 묶어 놓는다.

02 | 모든 식재료를 계량하여 끓여 놓는다.

03 | 용기에 오이를 차곡차곡 담고 끓인 물을 넣는다.

04 | 양파를 썰어 넣어서 같이 담가 놓았다가 먹으면 좋다.

맛있는 양파 와인 만드는 방법

재료

양파 1~2개, 레드 와인 500ml

만드는 법

01 | 양파는 씻어서 벗겨 빗 모양으로 자른다.

02 | 용기 속에 자른 양파를 넣고 와인을 붓는다.

03 | 용기를 밀폐하여 어둡고 차가운 곳에서 2~3일 재운다.

04 | 다 된 양파 와인은 밀폐하여 냉장고에 보관한다.

마시는 방법

01 | 하루에 큰 스푼으로 3~4개 정도 알코올이 안 받는 사람은 큰 스푼으로 하나 정도 먹는다.

02 | 와인에 절인 양파도 맛있게 먹을 수 있다.

Tip 양파 와인의 효능

노망, 노안, 침침한 눈, 무릎 통증에 좋다. 특히 당뇨병에 좋다.

건강이 안 좋다면 다음과 같이 복용하는 것도 좋다.

우엉, 1개(5cm), 당근 1개(5cm), 무 3개(2cm), 건표고 3개
무청 시래기 말린 것 3줄

가마솥이나 양탕기에 끓여 걸러서 오렌지 주스 1.8lt 섞어 수시로 마신다. 이때 금기해야 하는것은 담배, 술, 우유, 계란, 돼지고기, 기름진 음식, 커피 등이다.

요리를 하면서 걸어온 **발자취들**

하얏트서울 Hotel에서 근무할 당시 프랑스 Chef와 함께 강의

프랑스의 명문 요리학교를 찾아 앞으로의 교류와 연구를 논의한 후 기념촬영

홍콩 딤섬 요리 연수

홍콩 딤섬 요리 수료

허브 요리 연수

TV출연
프랑스 요리 6코스 소개

TV출연 모습과 음식 소개

자매결연을 맺은 독일의 한 대학에서 커리큘럼을 논의

학생지도 : 2007년 청양고추, 구기자 가평군 잣, 포도 요리대회 수상

2008년 ns농수산 홈쇼핑 저지방
돼지요리대회 대상 수상

참|고|문|헌 >>>

고범석, 이탈리아 요리의 세계, 훈민사, 2008

김미혜, 식품첨가물, 백산출판사, 2003

김종옥, 프랑스풍 야채요리, 문지사, 1996

봉하원, 한국요리해법, 도서출판 효일, 2005

심미혜 외, 한국의 전통음식, 백산출판사, 2006

윤숙자, 아름다운 한국음식 100선, 한림출판사, 2007

이권복, 호텔외식조리 원가관리, 동일출판사, 2008년

_____, Master Cusine, 리빙북스, 2010년

_____, Menu Planning, 백산출판사, 2008

_____, 서양요리와 MENU 기획, 홍진, 1997년

이권복 · 서동철, 기초제과제빵 실기, 2007년

이동열 외, Premier western cuisine, 훈민사, 2007

이명호 외, 호텔제과제빵입문, 기문사, 2004

이순옥 외, 초근목피 약선, 백산출판사, 2007

이재규 한국의 맛갈비 명인의 맛담, 백산출판사, 2004

전희정, 마늘 이야기, 지구문화사, 2002

정영도 외, 식품조리재료학, 지구문화사, 2004

정청송 외, 조리과학기술, 도서출판 G.C.S, 1999

조용범 외, 메뉴 관리론, 대왕사, 2007

최수근 외, The Sauce, 백산출판사, 2009

한국조리기능장회, Master Chef Cooking, 현학사, 2005

Kristiane Muller-Urban, LES SAUCES, GRUND, 2007

Loukie Werle.Jill Cox, Ingredients, Konemann, 2000

저|자|소|개 >>>

■ 이 권 복

- 서경대학교 졸업
- 경희대학교 경영대학원 호텔조리전공(메뉴기획) 석사
- 서울벤처정보대학원대학교 발효식품 · 양조학 졸업 이학박사

현) 서울호서전문학교 호텔조리과 교수

- 중구 다동 "목련" 근무
- 김포국제공항(공항그릴) 근무
- 그랜드하얏트서울호텔 Chef de partie
- LG아워홈 외식사업부 메뉴 혁신팀 Chef

- 조리기능사 자격 취득
- 제빵기능사 자격 취득
- 한국조리기능장 취득
- 직업능력개발 훈련교사 "조리2급"

- 한국요리대회 6코스 "은메달" 수상(1994)
- 한국요리대회 레스토랑요리 "은메달" 수상(1995)
- 서울국제요리경연대회 " '금메달" 수상(2000)
- 한국 국제요리경연대회 한국기능장회 대표 출전(2007)
  - 핫 요리 "은메달" 수상
  - 찬 요리 "동메달" 수상
- ns홈쇼핑 주최 우리돼지 저지방 요리대회 "대상" 수상, 보건복지부장관상(2008)
- 한식 세계화를 위한 서울지부 요리대회 "은상" 수상(2009)
- 대전 세계 WACS 요리대회 고멧부분 "동상" 수상, 주안상 "동상" 수상(2012)
- 인천 세계 단체전 "대상" 수상, 보건복지부장관상

[논문 및 저서]

- 관광호텔 서양조리 메뉴구성에 관한 연구(MA), 1993년
- 호텔 조리부의 안전관리에 관한 연구(한국조리학회), 1994년
- 함초의 성분, 항산화 및 조리적용에 관한 연구, 2013년
- 황금알을 낳는 소스, 2011년
- 서양조리기능사실기 Master Cusine, 2013년
- 메뉴플래닝(Menu Planning), 2008년
- 호텔, 외식조리 원가관리, 2008년
- 호텔, 외식조리실무 조리이론, 2009년
- 호텔, 외식사업의 효율적인 주방설비 관리론, 2008년 수정본 발행
- 호텔, 외식사업 위생관리론, 2008년
- 호텔조리실무영어, 1998년초판, 2008년 제2판 발행
- 기초제과제빵 실기, 2007년, 서동철 · 이권복 공저

황금알을 낳는 **소스**

2011년 8월 20일 초　판 발행
2015년 4월 10일 2판 1쇄 발행

저　자 이 권 복
발행인 한 인 환
발행처 도서출판 **기 문 사**
등　록 1978. 8. 9. NO. 6-0637
주　소 서울시 동대문구 안암로 50-1(용두동) 홍신빌딩 3층
전　화 02) 2265-7214/922-8662~8663
팩　스 02) 922-8772

homepage : www.kimoonsa.co.kr
e-mail : book@kimoonsa.co.kr

ISBN : 978-89-7723-673-8 93570

정가 : 19,000원